이상은, London Voice

삶은 여행… 두 번째 이야기 ●

이상은, London Voice

글 이상은 · 사진 신정아

북노마드

Contents

[08] **Prologue**

track 01   지도에 없는 마을

[17] 하늘 | [18] 흔적 | [24] 언더그라운드 | [34] 이미지 | [50] 기다림 | [54] 동반자 | [56] 보금자리 | [62] 8년 후 런던 | [66] 사람 냄새 | [70] 빈티지 런던 | [74] 베이스 워터 | [79] 옥스퍼드 서커스 | [86] 불편한 마음 | [90] 코벤트 가든 | [94] 그것은 여행이 아니다 | [98] 긍정 에너지 | [100] Lovely London | [108] 런던 산책 | [112] 타인의 취향

track 02   당신은 꼭 무지개 같아

[116] 당신은 누구입니까? | [120] 심리학의 시대 | [126] 사치 갤러리 | [130] 불편한 오해 | [132] 런던의 취향 | [134] 너의 선택을 믿어 | [136] 나를 사랑하기, 나를 인정하기 | [142] 작은 아이 | [150] 시간이란? | [160] 꿈 | [164] 준비된 여행자 | [168] 지금 그대로, 그냥 이대로 | [170] 끝 | [176] 여행자, 토박이, 그리고 그 '사이' | [182] 런던 고수 | [186] 트라팔가 광장 | [192] 구름이 전하는 말 | [196] 런던 클럽, 페브릭 라이브

track 03 언젠가는

204 행복 | 210 날씨 중독 | 214 카페 크로바도 | 216 핫 플레이스, 브릭레인 | 220 인디 정신 | 225 무제 | 226 이상은에게… 음악이란? | 230 런던에서 한국 인디음악을 바라보다 | 234 런던은 무엇으로 살아가는가? | 238 나와 너, 그리고 우리 | 244 별 다섯, 스피탈필즈 마켓 | 248 대형 타임머신, 대영박물관 | 254 지도를 버려라 | 262 자유시간 | 270 전설의 기타리스트의 아들? | 272 이상은만의 음악 | 276 워킹 타이틀 | 282 테이트 모던 데이 | 288 풍선 | 290 영국 문화의 화룡점정 | 294 악동, 데미안 허스트

track 04 비밀의 화원

302 생각하게 하는 도시 | 306 낡은 것이 아름답다 | 312 여행 학습 | 314 당인리 발전소를 한국의 테이트 모던으로 | 320 오노 요코를 만나다 | 324 정신성, 정체성 | 328 휴식과 여행 사이 | 330 프리즈 아트 페어 | 340 예술, 어디에서든 통하는 느낌 | 344 런던의 영혼 | 346 말이 넘쳐나는 세상 | 348 다름의 미학 | 356 나무, 행운, 그리고 행복 | 362 런던, 그리고 재회 | 368 런던의 마지막 밤

374 **Epilogue**

Prologue

런던은 꿈의 도시다. 누구나 '런던'이라는 꿈을 꾼다. 사랑하는 사람을 떠나보내고, 사랑하는 사람과의 재회를 기뻐하며 키스하는 사람들로 가득 차 있을 것 같은 히드로 공항의 설렘, 100년이 넘은 세계 최초의 지하철역에서 느끼는 '근대' 도시 공간의 역사성, 1933년 해리 베크 Harry Beck의 밑그림 아래 언제나 새 옷을 입고 나타나는, 그래픽디자인의 진수를 보여주는 지하철 노선도, '세계에서 두 번째로 큰 성당' 세인트 폴 대성당의 웅장함과 섹시한 거킨Gerkin 빌딩이 절묘하게 어우러진 금융의 중심지 시티 오브 런던, 그리고 그 속을 유유히 오가는 빨간색 이층버스…. 런던은 인간이 세상을 느끼기 위해 자연스럽게 고안해낸 '여행'이라는 방식을 위해 태어나고, 만들어진 도시다.

런던은 시간의 도시다. 런던은 우리보다 앞서 태어난, 그리하여 지금은 가고 없는 이들이 우리에게 남기고픈 말을 간직한 도시다. 분명 자신이 살았던 그 시대를 최고의 시간으로 여겼을 과거의 그들이 남긴 독백은 런던 곳곳에 산재한 박물관에 스며들어 있다. 런던이 여행전문 출판사 타임아웃TimeOut이 여행 전문가들에게 의뢰해 뽑은 '세계 최고의 도시' 중 두 번째로 선정된 이유도 순전히 박물관 때문이다. 알다시피 대부분의 영국의 박물관은 입장료를 받지 않는다. 크롬웰 스트리트 한 군데만 찾아도 자연사박물관과 과학박물관, 빅토리아 앤드 앨버트 박물관을 모두 순회할 수 있다. 본드 스트리트 역 지척에 자리한 헨델 박물관은 헨델의 지난날은 물론 그를 영원히 흠모하는 혼魂과의 접선을 기대하게 만든다. 대영박물관은 탐욕과 기억이라는, 양립하기 힘든, 하지만 분명히 함께 존재하고 있는 영국의 오명과 명성이 켜켜이 쌓여 있다. 트라팔가 광장에 우뚝 서 있는 내셔널 갤러리는 인간의 손끝을 떠난 예술 작품을 통해 '본다는 것의 의미'를 새삼 되새길 수 있다. 내셔널 갤러리가 '아우라'라는 지고지순한 예술의 감동이 시공을 초월해 현존하는 공간이라면, 테이트 모던 갤러리는 어디로 튈지 몰라, 보는 이를 전전긍긍케 하는 현대미술의 짜릿함이 전해져 온다. 격식 있는 공간에 단정하게 놓인 현대미술이 어딘지 밍밍하게 다가온다면 브릭스톤을 찾아 뱅크시 Banksy의 기발한 벽화를 볼 수도 있다.

런던은 활자의 생명력을 믿는 도시다. 킹스 크로스 역의 9 3/4 플랫폼은 영국은 물론 전 세계 아이들의 뇌와 심장을 삼켜버린 호그와트 아이들이 어딘가에 분명 실존해 있다고 믿게 한다. 뉴욕에 반스 앤 노블이 있다면 런던에는 워터스톤스가 있고, 노팅힐의 포토벨로 마켓에는 워터스톤스보다 더 유명한(?) 여행 도서 전문 서점이 있다.

런던은 모든 것을 기억하는 도시다. 프랑수아즈 사강이 스스로 흔해빠진 표현이라 자책하며 뉴욕을 '매혹적인 도시'라고 평했듯이, 내게는 런던이 그런 도시다. 누가 그랬던가. "걷는 자에게 절망은 없다"고. 비록 나는 그처럼 도시를 인문적으로 성찰하는 깊이는 부족하지만, 누구보다 도시를 느낄 수 있는 '감각의 눈'을 갖고 있다(고 믿는다). '음악'이라는 것을 시작한 지 어느덧 20여 년. 헤아릴 수 없을 정도로 길지는 않지만, 그렇다고 무심히 넘길 수만은 없는 시간들. 만약 시간과 공간이라는 게 텅 비어 있는 것이라면, 그리하여 세상에 태어난 이상 무언가로 채워나가야 할 의무가 주어진 것이라면, 나는 그 속을 음악과 여행으로 촘촘히 채워 나갔다고 말할 수 있으리라. 세상이 나와는 맞지 않다고 자학하던 시절, 아름다운 것조차 아름다워 보이지 않던 무렵, 세상의 모든 것이 나를 멀리 한다고 여기던 때에도 음악과 여행만은 내 곁을 떠나지 않고 지켜주었다. 음악은, 그리고 여행은 내가 무엇을 원하는지 알고 있었다. 내가 무엇으로 인해 힘겨워하는지 헤아리고 있었다. 내가 주저 앉아 있을 땐 내 손을 잡고 일으켜 세워주었고, 내가 고개를 처박고 훌쩍거릴 때에는 조용히 내 어깨를 토닥여주었다. 너무도 흔해서, 그리하여 그에 맞는 활자판을 손가락으로 더듬어 하얀 모니터에 새긴다는 게 부끄럽지만, 음악과 여행은 내가 살아야 할 이유가 되었다. 뮤지션 이상은을 설명해주는 수식어가 되었다. 그렇게 나는 버겁던 하루하루를 견뎌내고, 지금 여기에 서 있게 되었다.

이런 나에게 런던은 유난히 특별한 도시다. 이곳은 8년 전 음악으로 인해 진한 홍역을 앓던 나를 받아준 고마운 도시다. 런던에서 나는 음악을 그리워했고, 동시에 잊을 수 있었다. 내 안에 잠재해 있던 미술을 향한 욕망도 해소할 수 있었다. 그 시절 나의 '런던 나기'는 잔혹했고, 그만큼 행복했다. 이곳에서 나는 나보다 더 깊이 사유하고, 더 좋은 음악을 하는 이들 앞에서 깊이 좌절했다. 그들 앞에서 나는 오랫동안 주절거리던 내 입을 닫을 수밖에 없었다. 대신 조용히 귀를 기울였다. 그렇게 런던이 내게 들려주고 싶은 얘기를 남김없이 들을 수 있었다. 그것은 런던만이 가르쳐줄 수 있는 배움의 시간이었다. 또래들보다 항상 껑충했던 내 육신의 키에 미치지 못해 안달하던 내 영혼의 키가 성장판을 넘어 자랄 수 있었던 시간이었다.

그로부터 8년 후. 나는 그때보다 '자유인'이 되어 런던을 다시 찾았다. 언젠가 다시 불행이라는 녀석과 마주할지 모르지만, 지금 나는 만족스럽다. 런던을 다시 찾았다는 것만으로도 행복하다. 지금 당신에게 들려주는 이 모든 이야기는 런던에 관한 이야기이다.

나, 이상은에 관한 이야기이다.

track 01

지도에 없는 마을

런던은 이미 내게 진한 생채기를 남긴 도시다. 8년 전, 나는 런던에서 '유학생'으로 살아갔다. 음악이 아닌, 미술을 공부하는 유학생. 그 시절 나는 헤매고 있었다. 음악이라는 숲속에서 길을 잃고 방황하고 있었다. 어쩌다 숲속을 벗어나도 돌아가야 할 곳이 내겐 보이지 않았다. 노래를 부르고 싶었고, 뮤지션으로 살고 싶었고, 그래서 그렇게 살아가고 있었건만 나는 늘 배가 고팠다. 내 안의 '나'라는 아이가 몇 발자국 떨어진 곳에 있는 듯한 기분. 멀리 떨어지지 않은 곳에 내가 원하는 삶의 원형이 자리하고 있지만, 정체를 알 수 없는 무언가가 가로막고 있는 기분을 지금도 잊을 수 없다.

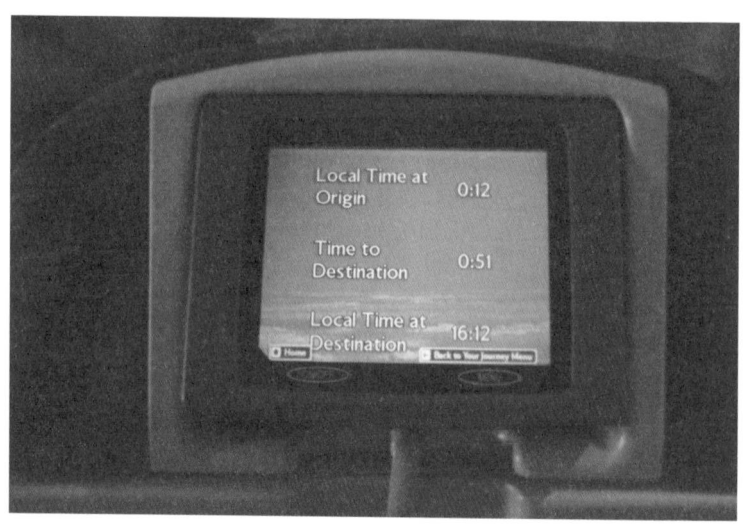

01　　　　　　　　　　　　　　　　　　　　　　　하늘

비행기가 히드로 공항에 들어선다.
하얀 구름이 퐁퐁퐁 유리창을 스친다.
짙푸른 사탕 같은 하늘, 커다란 시폰 케이크처럼 가뿐한 구름.

런던이다.
한때 내가 머물던 곳, 이곳에 다시 왔다.
짐을 찾기 무섭게 밖으로 뛰쳐나갔다. 신선한 공기가 그리웠다.
들토끼처럼 코를 벌름거리며 산소를 흡입하는 사람들.
알 수 없는 동지의식. 이 순간이 지나면 만남을 기약할 수 없는 얼굴들이지만, 그들의 삶의 갈피에 '런던의 흔적'이 가득가득 채워지길 소망한다.

그들이 펼쳐놓은 '런던'이라는 페이지에 새겨질 예쁜 글씨와 그림들을 기대한다.

흔적

흔적.
런던은 이미 내게 진한 생채기를 남긴 도시다.
8년 전, 나는 런던에서 '유학생'으로 살아갔다. 음악이 아닌, 미술을 공부하는 유학생. 사람들은 이해하지 못했다. 이름 석 자만 대면 누구나 인정해주던 시절, 인기라는 녀석이 내 곁에 든든히 붙어 있던 시절, 모든 걸 팽개치고 홀연히 떠난 나를 사람들은 알 수 없다는 눈으로 쳐다보았다.

하지만 나는 떠나야만 했다. 그래야만 했다. 그 시절 나는 헤매고 있었다. 음악이라는 숲속에서 길을 잃고 방황하고 있었다. 어쩌다 숲속을 벗어나도 돌아가야 할 곳이 내겐 보이지 않았다. 노래를 부르고 싶었고, 뮤지션으로 살고 싶었고, 그래서 그렇게 살아가고 있었건만 나는 늘 배가 고팠다. 내 안의 '나'라는 아이가 몇 발자국 떨어진 곳에 있는 듯한 기분. 멀리 떨어지지 않은 곳에 내가 원하는 삶의 원형이 자리하고 있지만, 정체를 알 수 없는 무언가가 가로막고 있는 기분을 지금도 잊을 수 없다.

그러던 어느 날. 나는 무력함으로 가득 찬 일상의 언저리에서 내게 필요한 것이 무엇인지 알 수 있었다. 깨달음. 그것은 '사랑'이었다. 나를 향한 사랑이었다. 나는 필요했다. 사람들 앞에 선 내가 아닌 '고독한' 내가 필요했다. 다른 이에게 활짝 열린 공간이 아닌 '나만의' 공간이 필요했다. 인기라는 이름으로 위장된 음악이 아닌 '나만을' 위한 음악이 절실했다. 사람들을 위한 약속이 아닌 '나만을' 위한 약속이 필요했다.

그 순간 나는 나에게 용서를 구했다. '나중에' 라는 이유로 언제나 뒷전이었던 '나에게' 선물을 주고 싶었다. 그렇게 나는 런던으로 여행을, 아니 머무는 것을 선택했다. 많은 이들이 밀레니엄이라며 호들갑을 떨 무렵이었다. 세기 말과 세기 초를 관통하는 시간을 살 수 있다는 사실에 설렘을 감추지 못할 때였다. 하지만 내겐 밀레니엄이라는 단어가, 그 시간과 공간이 갖는 의미가 아무런 의미가 되어주지 못했다. 그럼에도 불구하고 나는 행복했다. 오래되고 낡은, 그리하여 새로울 게 하나 없는 동네에서 새로운 모퉁이를 발견한 듯한 기분이었다. 그것만으로도 충분했다.

삶의 초점을 다시 맞춘 도시.
내게 있어 런던은 그런 도시였다.

언더그라운드

세 개의 트렁크, 라면 상자, 몇 개의 배낭을 들고 지하철역에 도착했다. 런던이 처음이라는 두 동생은 반짝반짝 빛나는 두 눈으로 연신 두리번거린다. 그건 나도 마찬가지. 이곳에서 한 시절을 보냈던 나에게도 런던은 여전히 신기하기만 했다.

'튜브'라고 불리는, 귀여운 장난감 같은 지하철은 옛 모습 그대로였다. 어떤 이는 "런던 지하철London Underground은 유럽의 모던Modern을 손에 잡히게 실현해준 대사건"이라고 말한다. 19세기 중반부터 20세기 초에 지어진 런던 지하철이 단순히 교통 수단의 혁명을 넘어 문화사적으로도 상당한 의미를 지닌다는 얘기일 게다. 하지만 퇴근길 런던 시민들에게 런던의 언더그라운드는 평범한 일상의 공간에 지나지 않은 듯하다.

런던의 튜브를 보니 생각이 스친다. 내게 음악은 튜브 같은 존재이다. 처음 그저 음악이 좋아 음악이란 두 글자에 나를 던지려 했을 때, 음악은 내 모든 것을 바꿔줄 혁명과 같은 존재였다. 음악이 내 인생을 반짝이게 해줄 거라 믿은 건 아니지만, 내 인생의 터닝포인트가 될 거란 확신은 들었다. 그렇게 나를 찾은 음악은 튜브가 유럽을 놀라게 했듯이 날 일으켰다. 주변 소리가 모두 음표가 되고 날 둘러싼 소음들이 음악처럼 들리면서 내 하루하루도 '음악 혁명'이 되어 갔다. 그 후 음악은 그냥 일상이 되어버렸다. 혁명일 거라 믿었던 내 인생의 음악은 그저 일상이 되어 가끔은 음악 안에서 지루함을 느끼기도 하고 꾸벅꾸벅 졸기도 했던 것 같다. 음악에 지칠 때면 잠시 빛으로 다가왔던 음악을 그냥 삶이라 여겼다. 어차피 내가 택한 길이니, 혁명을 시작한 것도 나이니, 홀홀히 또 다른 혁명을 기다리는 게 나의 임무일 테니 말이다.

모두들 꾸벅꾸벅 졸고 있다. 비행기에서 갓 내린 꺼칠한 얼굴과 부스스한 몰골로, 누가 보아도 여행자임이 분명한 우리와 그들의 모습이 별반 다르지 않다. 누구도 우리를 신기한 눈으로 바라보지 않는다. 하지만 '여행자'의 DNA는 어찌할 수 없나 보다. 차창 밖으로 풍경이 지날 때마다 세 여자의 고개가 동시에 돌아간다. 보고 또 보고, 다시 돌아보아도 질리지 않을 것만 같다.

다시 보는 런던의 풍경.
낯설다.
매혹적이다.
베이지색 벽돌집들과 연통들, 어둑어둑한 나무 그림자가 쓱쓱 지날 때마다 가슴이 콩닥콩닥 두근거린다. 역시 오길 잘한 것 같다.

이미지

런던은 이미지의 파편들이 모여 전체를 이루는 도시다. 평소 다른 사람의 일거수일투족에 무신경한 내가 거리를 지나는 런더너들의 표정이나 패션에 관심을 갖게 되고, 하루하루 날씨에 따라 변하는 거리의 이미지를 가슴으로 기억하는 걸 보면 엄청난 내공을 소유한 이미지가 아닐 수 없다.

나는 런던을 구성하는 이미지들을 사랑한다. 때론 구상화 같은 직설적인 어법으로, 때론 추상화 같은 모호함으로 다가오는 런던의 이미지가 좋다. 런던의 이미지는 단순히 허공에 둥둥 떠다니는 허상이 아니기에 마음에 든다. 역사와 전통의 그윽한 향기를 품은 옛 영국의 이미지와 창조적 정신과 열정으로 무장한 형형색색의 예술이 자아내는 이미지의 어울림. 이건 상당히 중요한 문제다. 이른바 '이미지의 시대'로 불리는 오늘날 본질을 결여한 채 이미지만 부유하는 모습을 얼마나 많이 보아왔던가. 이미지가 본질이나 정수와 같은 개념보다 왠지 가벼워 보이는 것도 결국 제대로 된 이미지를 만들어내지 못한 우리에게 책임이 있을 것이다. 그런 점에서 이미지에 관한 일본의 소설가 마루야마 겐지의 고백은 많은 것을 생각하게 한다.

"언뜻 생각하면 이미지의 각 장면은 본질로부터 멀리 떨어져 있고, 전혀 무의미하고 각기 무관한 것처럼 여겨지지만 실제로는 그렇지 않다. 과거의 어떤 이미지에 대하여 심각하게 사고를 거듭하다 보면 그것이 미묘한 형태로, 더구나 본질을 꿰뚫고 있음을 깨닫는 일이 있다. 그야말로 진리 그 자체가 아닌가 싶은 경우마저 있다."

마루야마 겐지는 동물원에서 죽은 지 며칠이 지나 쪼글쪼글 말라비틀어진 새끼 원숭이를 질질 끌고 가는 어미 원숭이를 보며 이미지가 가진 '커다란 진실'을 보았노라고 했다. 굳이 구질구질한 설명이 없이, 가공과 장식이 필요치 않는 이미지를 획득한 것 같다는 그의 말에 얼마나 위안을 받았던지…. 이미지 그 자체가 사상이며 철학이라고 생각한다는 그의 말은 내가 음악을 해야만 하는 존재 이유를 설명해주기에 한 치의 부족함이 없었다.

다시 말하지만, 난 이미지를 사랑한다. 본질의 이미지가 배어 있는 그런 이미지를 만드는 데 혼신의 힘을 다하고자 한다. 나의 음악에, 나의 여행에, 내 말과 행동 하나하나에 그런 이미지를 심기 위해 애를 쓴다. 내가 만드는 음악이, 내가 선택한 여행지가 나에게 맞는지 아닌지, 좋은지 아닌지를 구분하는 기준도 바로 이미지이다. 나에게 찾아온 그 무엇에 이미지가 꿈틀거리는지를 지렛대 삼아 '좋은' 음악과 여행을 선택하고자 하는 존재, 그게 바로 나라는 인간이다.

그런 점에서 이곳, 런던은 참 좋은 여행지이다. 자신을 찾은 여행자에게 적당한 설렘을 안겨주는 미덕을 숨기지 않는 곳. 격식 있는 전통과 도발적인 혁신의 기운이 한데 섞여 있는 곳. 무엇보다 유치하지 않은 곳. 치졸하지 않은 곳. 정신과 육체가 따로 겉도는 느낌이 아니라 함께 작동하는 충일함이 있는 곳.

런던을 다시 찾길 참 잘했다.

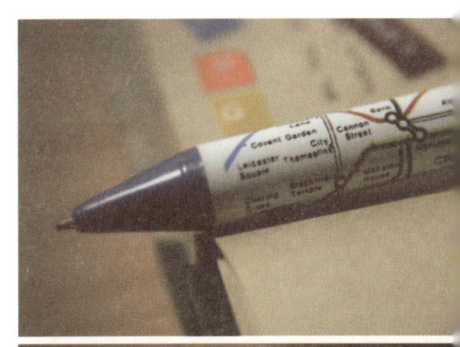

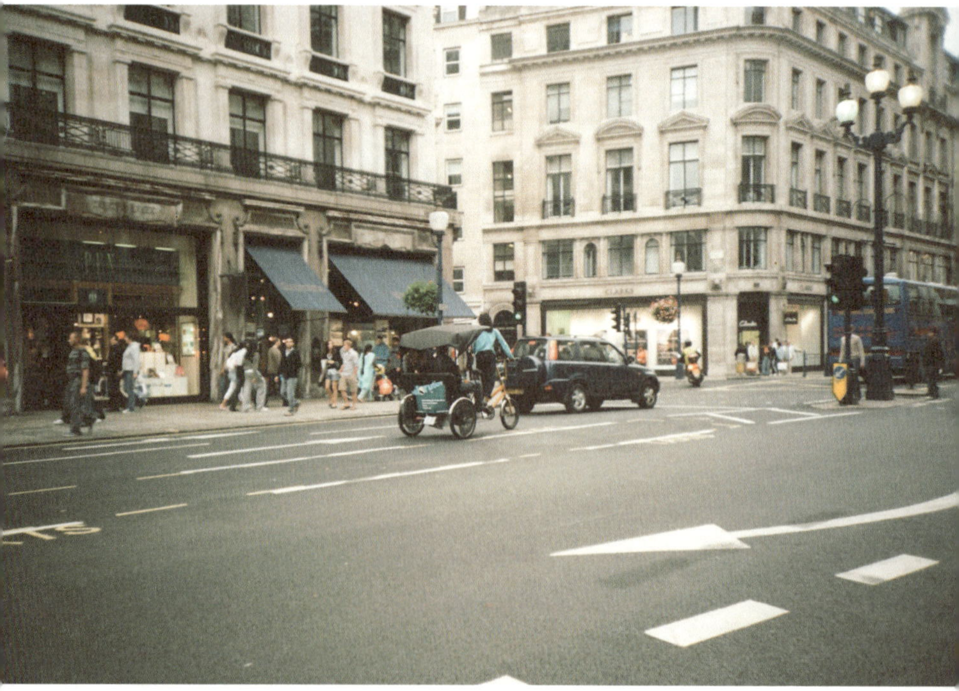

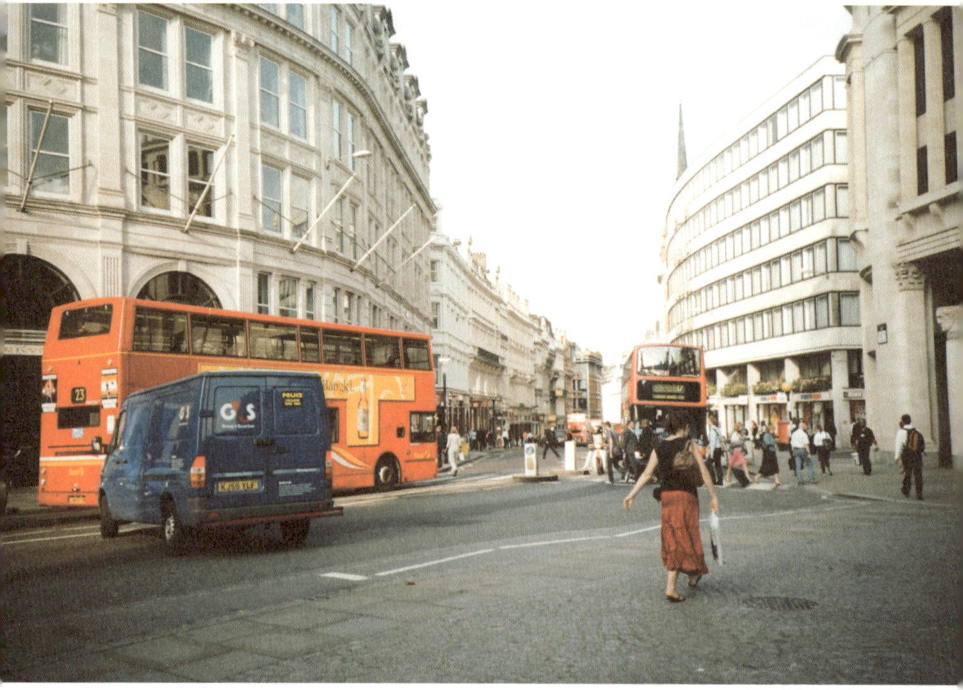

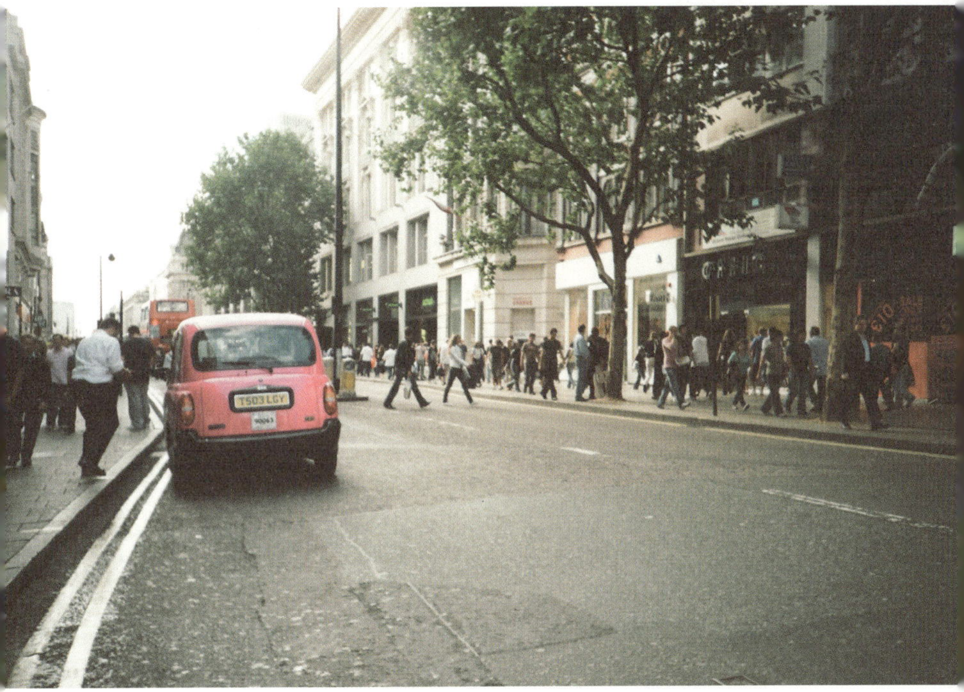
TS03 LGY

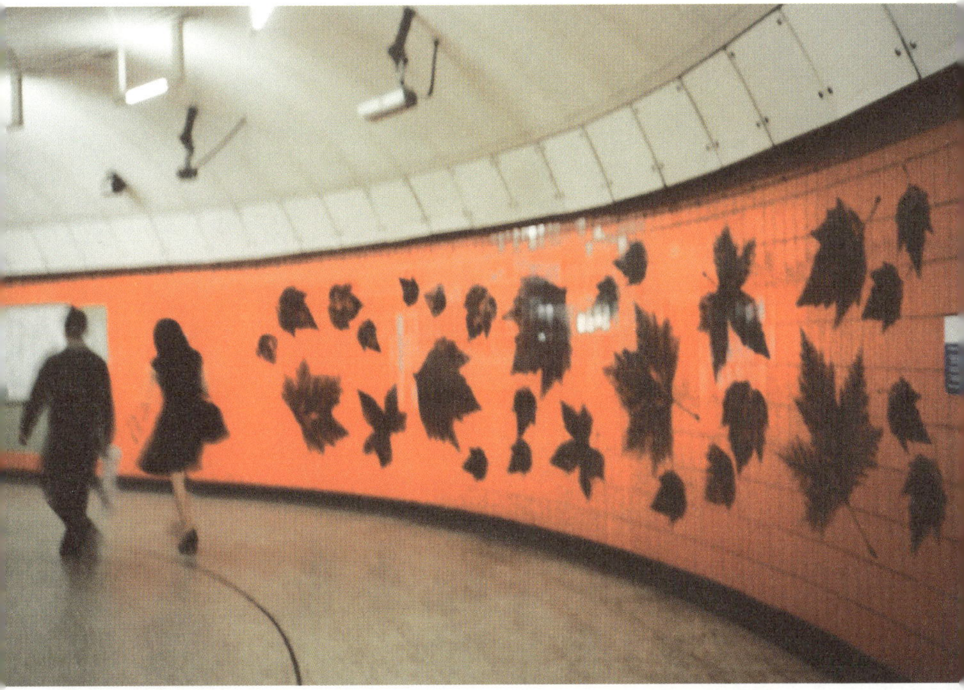

기다림

런던 여행은 쉽지 않았다. 그야말로 몇 번을 망설였다. '대공황' 이라는 말까지 나도는 경제 위기에 런던이라…. 등을 미는 이들보다 도시락을 싸서 말리는 이들이 더 많았다. 하지만 세상 일이란 결국 순리대로 이루어지는 법. 그냥 물 흐르듯 흘러가는 대로 내 삶을 맡기다보니 금세라도 터질 것 같은 트렁크를 끙끙 부여잡고 런던의 지하철에 있게 되었다.

여행의 목적이 무엇이건 간에 여행지를 정하는 일은 쉬운 일이 아니다. 그건 여행을 해본 사람이라면 누구나 아는 것이다. 운명처럼 끌리는 곳이 있는가 하면, 비행기 티켓을 끊어놓고도 미심쩍은 곳이 있다.
나에겐 여행지와 꼭 닮은 사람들이 있다. 몇 달 동안 여행 계획을 짜고 티켓을 예약해도 마음이 무거운 것처럼, 흐트러지지 않게 만날 장소와 시간, 날짜까지 잡아 놓았지만 만나도 즐겁지 않은 사람들이 있다. 아주 오래 전부터 다이어리에 적어둔 약속인데 날이 다가올수록 마음이 무겁다. 아마도 마음을 나누러 가는 게 아니라 목적이 있어서 만나는 사람들이기 때문이겠지. 반면 아무 생각 없이 가게 되는 여행지처럼 길을 걷다 만나는 나무 한 그루를 보며, 혹은 슈퍼마켓에 들러 유자차를 마시면서 누군가가 무척 그리워질 때가 있다. 그럴 땐 그냥 그들에게로 향한다. 참 신기하다. 대본도 하나 없는 그런 만남에 모든 피로와 시련이 싹 사라지는 느낌. 내가 여행을 좋아하는 건 사람을 닮아서인지도 모른다. 마음이 지칠 때 찾는 여행처럼 잠시 아무 생각 없이 나를 내려놓고 싶을 때 찾게 되는 사람들. 그들이 있어서 참 고맙다.

이번 여행지를 정할 때도 그랬다. 이전에는 '여행 고수'를 자처하는 이에게 달려가 Q&A를 자청할 때가 너무도 많았다. 나 역시 그랬다. 그런데 이번 여행은 달랐다. 일단 누구의 조언도 받아들이지 않았다. 여행을 가야 한다는 것은 내게 당위이자 피할 수 없는 현실이었다. 떠나지 않고서는 견딜 수 없는 때가 또 다시 찾아왔음을 내 몸과 마음은 잘 알고 있었다. 나는 우선 여행이라는 침묵의 씨를 뿌렸다. 그리고 묵묵히 기다렸다. 뜨거운 태양이 내리쬘 때에도, 감당할 수 없는 폭우가 밀려올 때에도 기다림만이 유일한 해법임을 나는 잊지 않았다. 그렇게 기다리다 보면, 그토록 내가 보고 싶었던 '여행의 순간'이라는 녀석이 다시 나를 부르리라는 믿음을 포기하지 않았다. 언제나 그렇듯이 여행의 순간이라는 녀석은 지금이 떠나야 할 때를 일러줌과 동시에 어디로 가야할 지를 넌지시 속삭인다는 사실을 나는 잘 알고 있었다.

그러던 어느 날, 어디선가 나직한 음성으로 나를 부르는 도시가 생겼다. 그곳이 런던이었다. 8년 전 온전히 나를 찾고 싶어, 나를 사랑하고 싶어 무작정 떠났던 그 도시가 다시 나를 찾은 것이다. 뜻밖이었지만, 망설일 이유가 없었다. 그렇게 나는 다시 런던을 찾았다.

동반자

숙소가 있는 베이스 워터 역에 도착했다.
동화 같은 풍경. 옛 건물들이 안겨주는 아스라함이 너무 좋다.
이제 조금만 있으면 긴 비행시간에 시달린 몸뚱아리를 누일 수 있는 공간에 도착한다. 인천공항에서부터 지금까지 단 한 번도 사고를 치지 않은 트렁크가 대견스럽다. 라면, 김, 햇반 등 거의 음식으로 채워진 트렁크가 터질까봐 얼마나 조마조마했던지. 비싼 런던에서 여행자로 살아가려면 한 방에 묵을 것, 직접 요리를 해서 끼니를 때울 것 등을 강력하게 주장한 두 아이 덕분에 트렁크가 고생이 많았다.

기왕 말이 나온 김에 런던 여행에 동참한 두 동생을 소개할까 한다. 산에 올라 끓여 먹는 라면을 세상에서 가장 맛난 음식으로 여기는 '기정'은 나와 함께 일하는 동생이다. 한국에서 이루어지는 공연, 방송 등 모든 활동을 꼼꼼히 챙겨주는 그녀가 없다면 나는 당장이라도 은퇴 선언을 해야 할지도 모른다. 일명 '청양고추 마니아'로 불리는 '영인'은 '무대륙'이라는, 홍대에서 제법 알려진 카페를 운영하는 아이다. 우리 셋이 알고 지낸지도 어언 15년. 결코 적지 않은 시간을 함께했기에 그 어떤 여행보다 즐겁고 알뜰한 여행이 될 것 같다. 무엇보다 우리 셋은 세상 모든 것을 '열린' 마음으로 바라보는 자들이 아니던가.

여행, 그리고 동반자.
언제 보아도 참 기분 좋은 단어의 조합이다.

우리가 런던에서 묵을 아파트의 '방'은 기정이 열심히 '인터넷품'을 판 끝에 찾아낸 것이다. 한국인 유학생 두 명이 쓰던 곳인데 그녀들이 여행을 가면서 잠시 내놓은 것이라고 한다. 여행을 떠난 두 여자의 방에 여행을 온 세 여자가 묵는 모양새가 재미있다.

하지만 문제가 생겼다. 우리에게 열쇠를 가져다줄 방 주인의 사촌동생이라는, 또 다른 유학생이 올 생각을 않는다. 조금 기다리면 오겠거니 했는데 아무리 기다려도 오지 않는다. 기다리다 지쳐 전화를 거니 지하철이 고장 났다며 조금만 더 기다려달라고 말한다. 전화기 너머 전해져 오는 미안함에 우리가 더 미안해진다. 지하철이 고장이라…. 이 '동화의 나라'는 느리고, 고장 나고, 삐거덕거리는 게 일상다반사이다. 그런데도 밉지가 않다. 더 기다려야 한다는 말에 우리는 약속이나 한 듯 자리에 털썩 주저앉고 말았다. 인천공항에서 생겨난 들뜸과 설렘이 기나긴 비행시간 동안 서서히 빠져나가더니 '지하철 고장'이라는 결정타를 맞고 나자빠진 셈이다.

아파트 입구에 철퍼덕 앉은 채 이곳저곳을 둘러본다. 런던이라는 도시는 여러 가지 색깔의 옷을 걸쳐 입은 것 같다. 정말 다양하다. 민족 고유의 의상을 챙겨 입은 인도인과 중국인, 그리고 국적을 가늠할 길 없는 각양각색의 인종 사이에 낀 우리는 구경거리조차 되지 않는다. 마냥 신기한 눈으로 사방을 두리번거리는, 누가 보아도 '이등병 여행자' 티가 풀풀 나는 데 우리를 물끄러미, 아니 쓱 하고 스쳐보는 이가 없다.

그렇게 한 시간이 지났을까. 물 한 모금 마시고, 하늘 한 번 바라보기를 몇 차례 반복하다보니 우리 앞에 한 아이가 나타났다. 이 아이, 참 동글 동글하다. 눈도 동글동글, 얼굴도 동글동글. 홍대 앞에서 샀을 것 같은 자루 모양의 체크무늬 원피스에 이어폰을 꼽고 나타난 그녀가 참 마음에 든다. 열쇠를 가진 구세주. 누가 시키지도 않았는데 세 사람이 거의 동시에 드르르르 더그럭 더그럭 트렁크를 몰고 아파트로 돌진했다. 그제야 우리가 묵게 될 아파트가 키 큰 나무들에 둘러싸인 10층 높이의 아담한 곳이라는 물리적인 사실이 눈에 들어왔다. 어느덧 어둑어둑해진 대기는 뽀오얗고 따스한 불빛으로 노오랗게 물들어가고 있었다. 드디어 작은 아파트가 그 속을 드러냈다. '런던'이라는 커다란 무대로 들어가는 문은 예상 외로 작고 소박했다. 그 순간, 나도 모르게 웃음이 터져 나왔다. 철없던 아이로 런던을 찾았던 8년 전 기숙사 방과 너무도 흡사한 방의 생김생김이 놀라웠다. 보들보들한 핑크색 천으로 덮인 소파, 두 개의 침대, 삐걱거리는 오래된 창문….

앞으로 2주 동안 세 명의 여행자들이 머물게 될 '우리만의' 보금자리다. 마음에 든다.

이 상자에서 나가기 두려워요.

에고의 좁고 작은 상자 안이지만

바깥은 야수와 괴물

상처받을 위험들

난 부서져요,

부서지는 건 나인데

나로부터의 자유가 가장 자유로운 것

바깥은 한 번도 보지 못했던

나비들의 천국

찬란한 날개의 번지는 빛

신의 사랑 속

이 상자에서 나오는 순간

난 현실보다

현실을 잃을까 두려워요

그 두려움이

현실보다 무거워요

자유로움이란

위험의 다른 이름

하지만 가장 깊은 곳

영혼을 말해요.

_ 이상은 'The Box'

8년 후 런던

한때 런던을 참 좋아했던 때가 있었다.
앞뒤 가리지 않고 무턱대고 1년 남짓 미술학교를 다니며 눌러 산 것도 그 때문이었다. 물론 그때의 런던은 내 기대와는 딴판이었다. 추운 겨울의 크리스마스 시즌. 런던 전체가 들썩일 무렵, 내 곁에는 이글루 같은 기숙사를 데워주던 전기장판뿐이었다.

서글펐다. 왜 그토록 원하던 곳에 와서 이렇게도 외로워야 하는지 이해할 수 없었다. 런던을 참 좋아하던 여자가 런던에 오면 그냥 모든 순간이 행복일 거라 생각했다. 외로운 곳에서 외로운 생활을 하는 것은 상관없었다. 그런데 외롭지 않을 거라 생각했던 곳, 런던에서 외로웠기에 더 서글펐다. 런던이 좋았지만 왜 좋은지 이유를 딱히 설명할 수 없었던 나는 그 변명이 미술학교였고, 그렇게라도 내 발이 서 있는 곳이 런던이길 원했었다.

하지만 모두가 기뻐하는 크리스마스, 난 한심하게도 방 안에 처박혀 한국을 떠올렸다. 한국에선 이런 외로움을 몰랐는데…. 나를 알아주는 사람들이 있고 내게 익숙한 공간이 있는 곳. 그토록 보고 싶던 런던에 와서 그렇게 바보처럼 지내는 내가 싫었다. 내가 할 수 있는 거라곤 전기장판을 온몸에 동글동글 말고 까무룩 잠이 드는 것뿐이었다. 그때였다. 내 의지와 관계없이 깊은 잠에서 스르륵 깨어나는 순간 눈앞에 엄마 아빠의 환영이 출렁였다. 보고 싶었다. 참을 수 없었다. 그렇게 나는 런던을 떠났다. 앞뒤 가리지 않고 무턱대고 런던을 찾았던 것처럼 부랴부랴 짐을 싸서 서울행 비행기에 몸을 실었다. 그날 이후 런던은 내 마음 속에서 서서히 멀어져 갔다.

그리고 지금. 나는 다시 런던을 찾았다. 어느덧 8년이라는 세월이 나를 스쳐갔다. 그새 나는 '어른'이 되었다. 지구본 이곳저곳을 색칠하며 줄기차게 다니던 여행도 점점 줄어들었다. 나는 '일하는' 사람이 되었다. 약속 시간에 늦지 않고, 성실한 태도로 일하는 사람이 되어 버렸다. 일을 통해 나는 새로운 세계를 만났고, 새로운 사람이 되어 갔다. 가끔씩 달라진 내 모습에 나조차 놀란 적도 많았지만, 나이가 든다는 건 삶의 우선순위와 가치관이 변한다는 걸 의미한다는 걸 알고 있었다. 그건 마냥 자책할 수만은 없는, 두 발로 지구를 딛고, 호흡하며 살아가야 하는 존재라면 속절없이 받아들여야만 하는 것이었다.

8년 전 런던의 '이상은' 과 지금의 '이상은'은 분명 달라졌다.

문득 연인과 이별한 후 몇 년이 지나 재회하는 기분이 된 것 같다. 같은 장소를 다시 찾는 건, 내겐 시간이 지나 같은 사람을 다시 만나는 것과 같다. 무엇보다 변한 나 자신을 보기 위함이겠지. 조금은 변했겠지만 아직 향기는 그대로 남아 있는 그곳 런던에서 지금 나는 무엇을 느끼고 생각할 수 있을까.

8년이 지나 다시 런던으로 떠나기 전 가슴이 설레었다. 그 사이에 변했을 런던도 궁금했지만, 외로움에 자리를 박차고 한국으로 떠나왔던 나 이상은이 이제는 제법 외로움도 견딜 줄 아는 나이가 되었다는 것을 확인하고 싶었다. 이번 여행이 색다른 설렘으로 다가오는 이유도 이 때문이다.

동글동글한 아이가 유난히 나를 반겨준다. 서울에서보다 런던에서 내 음악을 더 즐겨 듣는다고 말하는 모습이 고맙고, 예쁘다. 뭔가 사례를 하고 싶어 한국에서 낑낑거리며 들고 온 김치와 고추장, 김을 나눠주었다. 좋아하는 그녀. 역시 우리 것이 최고여~.

작은 거실에 군데군데 놓여 있는 허브 화분을 어루만진다. 손끝에서 코끝으로 모락모락 피어나는 허브 향이 얼굴을 알지 못하는 한국인 유학생들의 따뜻한 마음을 말해주는 듯하다. 허브 화분을 두면 마음이 편안해져서 허브 향을 선택한다는 그녀. 내 마음이 지쳐보였는지, 나와 동생들의 몸이 힘들어보였는지 허브를 가까이 가져다주는 그녀의 마음이 참 예뻤다. 작은 화분 하나가 누군가에게 큰 선물이 되듯, 나 또한 누군가에게 그런 음악을 선물하고 싶다는 생각을 했다. 평범한 허브처럼 눈에 띄진 않지만 집 안에 퍼지는 향으로 우리를 편안하게 해주는 화분 같은 음악. 런던의 어느 집에서 만난 화분 하나에 난 또 내 음악의 길을 생각해본다. 여행의 아름다움, 바로 이거다. 화분 하나에서도 결심을 하게 되는 것.

따뜻함. 포근함.
동글동글한 아이에게 나중에 다시 만날 때까지 '온기'를 잃지 말라고 전해주었다. 지금처럼 사람 냄새 잃지 않는 아이가 되었으면 좋겠다고.

이 추운 세상에 함께 살아 있다는 것만으로도 눈물겹게 고마운 그런 사람이 되었으면 좋겠다고 소망을 전했다. 어느 날 문득 그 사람의 이름을 떠올리는 것만으로도 코끝이 시큰해지는 그런 사람이 되었으면 좋겠다고 말해주었다. 그리고 새삼스럽게 혼자 되뇌었다. 나도 그런 사람이 되겠다고. 사람 냄새 나는 소녀처럼 사람 냄새를 풍기는 이상은, 그런 음악을 하는 내가 되겠다고. 여행에서 만난 누군가가 또 나의 목표를 심어주었다. 화분에 심어져 있는 허브처럼.

이 아이는, 충분히, 그럴 만하다.

우리 셋과 동글동글한 아이에게 런던의 비좁은 아파트는 다소 답답했다. 육신은 피곤하건만 이대로 방에 처박혀 있을 수만은 없어 밖으로 나왔다. 다행이다. 모두의 얼굴에 웃음이 가득하다. 런던 땅에 우리 몸 누일 방 하나가 있다는 사실이 다시 기력을 채워준 듯하다.

거리를 거닐다 나도 모르게 주춤주춤 멈춘다. 살다가 나도 모르게, 예상하지도 못한 채 도달한 곳. 자전거 한 대 간신히 빠져나갈 정도의 좁은 골목, 누렇게 변색된 나뭇잎이 애처로운 거리의 나무들, 무표정한 얼굴로 어디론가 바삐 걸음을 재촉하는 사람들…

모든 게 새롭다. 신기하다. 마치 허구의 세계에 온 것 같은, 동화 같은 건물들이 삶의 소소한 현장이라는 게 믿어지지 않는다. 런던과 딱 들어맞는 펍$_{pub}$이 있는가 하면, 우리네 포장마차를 연상시키는, 김이 모락모락 피어오르는 가게도 보인다. 모든 게 쉬크할 것 같은 이 도시에도 때가 되면 몸 구석구석을 채워주는, 그리하여 내일을 기대하게 하는 밥 냄새가 난다는 사실이 눈물겹도록 정겹다.

펍을 그냥 지나칠 내가 아니지. 어딜 가든 펍에 들러 그곳을 느낀다. 서울의 포장마차를 연상시키는 펍은 가장 솔직하면서도 인정이 넘치는, 가장 평범한 사람들이 쉬어가는 곳 아닌가. 가벼운 음료 한 잔을 앞에 두고 사람들을 관찰했다. 런던 시민들은 평범하면서도 쉬크하다. 나와 합석한 세련되어 보이는 여자. 타인에 대한 거부감이 없는 그곳에서 그녀와 눈으로 인사를 나눈 후 난 다시 사람들로 시선을 옮겼다. 친구와 대화를 하던 그녀, 엿들으려고 한 건 아닌데 대충 이런 말들을 했다. 예전이 그립다고, 바쁜 지금보다 그때가 좋았다고…. 단어들로 해석한 대화 내용은 그랬다. 뭐, 대화 해석이 틀렸어도 어쩔 수 없다. 내 마음을 해석한 건지도 모르겠다. 세련된 옷차림의 그녀에게서 순박하고 구수한 냄새가 났다. 현대를 살면서 끊임없이 과거를 떠올리는 그녀, 바쁘지만 펍에 들러 여유 있게 과거를 추억하는 그녀. 내가 펍에서 만난 새로움이었다. 그래서 런던이 좋다. 새로운 것을 추구하는 것 같으면서도 항상 과거를 잊지 않는, 그래서 항상 과거를 되뇌이며 간직하는 그녀가, 그리고 그런 펍이 좋았다.

펍을 나오면 만날 수 있는 것들이 또 있다. 건너편에는 한 무리의 아랍인들로 바글거린다. 아시아의 끝에서 날아온 우리가 그들의 재잘거림과 웃음의 의미를 알 수는 없지만 낯선 타국에서 용기를 잃지 않고 살아가는 모습이 팬시리 대견하다. 돌아보면 머리에서 발끝까지 같은 사람인데 나고 자란 곳으로 누군가를 판단하고 재단하는 이 혹독한 세상이 순간 원망스러워진다. 언제라도, 어디서라도 잊지 말자고 다짐한다. 사람이 가장 소중하다고, 사람만이 유일한 희망이라고.

맑은 공기, 울창한 나무, 오래된 낡은 자동차, 옛날 모습을 고스란히 간직한 도로…. 마치 시골의 작은 마을에 마실을 나온 듯하다. 런던 같기도 하고, 런던 같지 아니하기도 한 거리의 풍경이 기시감을 불러 일으킨다. 모든 게 맘에 든다.

이름 하여 빈티지 런던.

아침.

말끔히 세수를 마친 우리 앞에 라면과 햇반, 김치가 가지런히 놓여 있다. 바깥은 런던, 눈앞엔 김치! 이 호사스러운 공감각적인 여행을 가능케 한 건 순전히 바지런한 동생들 덕분이다. 낯선 공기와 물에 적응이 되지 않아 버거거리기 쉬운 여행의 시작을 온전히 지켜준 동생들이 고맙다.

옷매무새를 고치고 아파트를 나섰다. 새 신발을 신은 것도 아닌데 발걸음이 가볍다. 마치 초등학교에 입학하는 아이와 같은 기분. 런던은 어떻게 변했을까? 그 어떤 곳보다 변화를 거부하는 곳이라지만, 무언가 새로운 얼굴을 보여줄 것 같아 마음이 설렌다. 작년에 외국에서 귀국한 친구가 이런 말을 했다. 4년 넘는 유학 생활 후 한국으로 들어오기 전날 밤, 잠들지 못했다고. 누가 공항에 마중을 나왔을까, 내가 돌아가도 다시 날 받아줄 직장이 있을까, 난 떠나기 전보다 얼마나 더 성장해 있을까, 하는 자문보다 더 궁금한 건 변한 한국의 모습이었으리라. 한동안 떠나왔던 곳을 다시 돌아간다는 것은 꽤 쑥스럽고 이상한 기분일 것이다. 한 번도 가보지 않은 곳이라면 설렘만 가득할 텐데 내 기억 속에 또렷한 그곳을 다시 찾는 거니까, 어디에서 무엇을 느끼고 겪었는지 생생히 기억이 나니까 그보다 조금 더 나은 느낌을 가진 자신이 되길 바라는 그런, 부담감? 그녀의 4년과 나의 8년이 같을 순 없겠지만, 그 말이 무엇을 뜻하는지 조금은 알 것 같다.

세상에 이런 일이.
런던의 아침이라고 믿겨지지 않을 정도로 날씨가 화창하다. 커피를 볶는 냄새가 유난히 고운 작은 카페 테라스에 환하게 피어난 꽃들이 아침을 반긴다. 몽글몽글 모여 있는 이름 모를 화분들이 유난히 생기 넘친다. 비록 광활한 대지의 품속에 뿌리를 내리고 있지는 않지만 자신을 끔찍이 위해주는 주인 곁에 새초롬하게 자라난 화초라면 이 땅에 태어날 만하다는 생각이 든다.

테라스에 앉아 커피 한 잔을 주문했다. 한국에서라면 그냥 지나쳤을지도 모르지만 꼭 한잔 하고 싶었던 그곳. 내 발걸음을 멈추게 한 건 파릇한 화초이기도 하지만, 그냥 내 마음이 그랬다. 테라스에 앉아 화분에 물을 주는 주인을 관찰한다. 무슨 대화를 그렇게 하는지 입이 바쁘게 움직이고, 물을 주는 모습은 마치 화분과 대화하는 것 같다. 한국에서도 이런 걸 느꼈던가? 여행은 그래서 좋다. 스쳐 지나쳤던 것들이 눈에 들어오는 시간. 테라스에 앉기보다는 테이크아웃을 즐겼던 나를 멈추게 한 힘. 놀랍게도 테라스의 작은 화분이었다.

해가 높이 올라갈수록 거리는 시끄러워진다. 유학생들이 옹기종기 모여 산다는 동네이기 때문일까. 근처에 값싼 호텔들이 그득하다. 지하철역으로 나 있는 길에는 런더너들보다 관광객들이 더 많다. 중국 음식점, 아시안 푸드를 판매하는 가게, 중저가 백화점이 곳곳에 숨어 있다. 유학생들이 모여 사는 이유를 알 것 같다. 교통도 좋고, 살기도 편하고, 집값도 싸고, 쇼핑도 편리하고, 한 마디로 이곳은 털털한 마을이다. 게다가 한 정거장만 넘어가면 그 유명하다는 노팅 힐 Notting Hill 이 있는 곳.

모든 게 내 마음에 쏙 드는 동네,
바로 베이스 워터이다.

옥스퍼드 서커스

여행은 매번 '선택'을 요구한다.

지하철역에 도착한 우리는 어디를 갈지 선택을 해야 했다. 짧은, 하지만 진지한 토론이 이어졌다. 이것저것 알아보다가 충전카드를 사기로 했다.

디자인이 깜찍한 오이스터 카드(oyster card)에 5파운드를 충전했다. 역무원이 불친절하기도 하고, 우리 뒤로 다른 손님들도 있어서 충전 기계를 이용했다. 아직 서투른 탓에 여러 번 버퍼링을 거듭한 후 간신히 충전에 성공했다. 교통카드를 장만하고 나니 여자 셋이면 런던의 어떤 접시도 마구 깨뜨릴 수 있을 것 같은 자신감까지 충전된 것 같다.

교통카드를 잔뜩 충전한 후 뿌듯한 마음으로 지도를 보고 있었다. 내 옆에서 교통카드를 충전하는 한 남자를 보았다. 닳아버린 교통카드, 또 어디를 가려고 하는지 5파운드를 아주 익숙하게 충전한다. 런던 시민 같지는 않았다. 교통카드가 저렇게 닳도록 어디를 다니며, 누구를 만났을까. 그의 속사정이 궁금했다. 그 카드에 담긴 장소와 날씨, 그리고 사람이 궁금해졌다. 교통카드 충전을 마치고 뿌듯해하던 내가 잠깐 부끄러웠다. 이제 떠날 준비가 되었다고 즐거워하는 나와, 또 다시 다른 곳으로 떠나기 위해 익숙하게 준비하는 남자. 그 차이는 이제 느낌으로 남겠지. 그의 낡은 교통카드를 보며 또 다짐했다. 두려워하지 말고 어디에든 발을 내밀자. 무서워하지 말고 교통카드를 마구 찍어 낡도록 만들어보자! 그는 가벼운 발걸음으로 어딘가를 향했다. 그 뒷모습을 바라보며 그의 멋진 여행을 상상해보았다.

이제 어디로 갈까를 선택하는 시간. 언니의 결정을 따르겠다는 동생들의 얼굴을 보노라니 막중한 책임감이 어깨를 짓누른다. 순간 '런던의 명동'이 퍼뜩 스쳐갔다. 유럽에서 가장 많은 사람들이 모여든다는 쇼핑가, 옥스퍼드 서커스! 런던 여행의 출발점으로 이보다 더 좋은 곳은 없어 보인다.

런던 여행을 (준비)해본 사람들은 알겠지만, 옥스퍼드 서커스는 런던 여행의 기본 코스로 통한다. 어떤 이는 서커스라는 단어 때문에 서커스나 공연이 열리는 곳으로 단정하지만, 우리로 치면 '만남의 광장' 같은 곳이다. 레스터 스퀘어와 리젠트 스트리트를 이어주는 곳에 자리한 지리적 특성, 그리고 전 세계 여행자들의 블로그에 단골로 올라가는 '에로스 동상' 덕분에 이곳은 언제나 많은 관광객들로 북적거린다.

지하철은 우리를 센트럴 라인 마블 아치 Central Line Marble Arch 역으로 데려다주었다. 대리석으로 지어진 고풍스런 건물들이 안겨주는 이국적인 느낌이 마음에 든다. 망고, H&M, 나이키, 자라 등 유명 매장과 셀프리지 Selfridge, 데번햄스 Debenhams, 하우스 오브 프레이저 House of Fraser 등 백화점이 몰려 있는 곳. 현대적인 느낌이 물씬 풍기는 쇼윈도의 디스플레이와 전혀 어울릴 것 같지 않은 옛 건물들이 묘하게 맞아떨어지는 곳. '런던의 상징'처럼 여겨지는 빨간 색깔의 이층버스도 또렷하게 들어온다. 평소 같으면 '짜증'이라는 단어가 튀어나왔을 엄청난 인파도 이곳에서는 여행자들의 기분 좋은 흥분을 유지시켜주는 촉매제 역할을 한다.
내 옆을 지나가던 여자가 연신 빨간 버스를 찍어댄다. 빨간 버스 하나에 저렇게 들뜬 걸 보면 아마 나 같은 이방인이겠지. 빨간 버스를 사진에 담는 그녀를 보며 잠시 또 생각한다. 런던을 대표하는 빨간 버스는 런던 사람들에겐 어떤 의미일까. 런던 시민들에게는 그저 교통수단 중 하나, 언제나 볼 수 있는 보통 버스에 지나지 않겠지. 하지만 누군가에게는 저렇게 사진으로 남길 만큼 특별한 것이 될 수 있다. 너무 당연해서 지나친 것들이 많은 건 아닌지 생각한다. 한국에서도 그렇겠지. 매일 보는 택시, 건축물, 풍경 하나까지…. 나에게 익숙한 그것들이 누군가에게는 사진 속 주인공이 되겠지? 문득, 평범한 모든 것들이 소중하게 느껴졌다. 8년 전 런던에서 지낼 때 빨간 버스를 보지 않았다면 나도 지금 빨간 버스를 본 즐거움에 사진을 찍어대겠지. 하지만 난 이제 빨간 버스를 보고 놀라지 않는다. 신기한 것과 익숙한 것을 구분 짓는 것은 내 기억 속에 그것이 있는지 없는지, 그 차이뿐이다.

옥스퍼드 서커스에 온 이상 영국 최고의 하이 스트리트 브랜드 톱 숍Top

Shop을 안 갈 수 없다. 어지간한 대형 마트만 한 크기를 자랑하는 이곳은 도발적이면서도 패셔너블한 옷들이 즐비해 하루 내방객만 3만 명이 넘는다고 한다. 1층은 인간의 상상을 뛰어넘는 갖가지 모양의 액세서리들이 빼곡했다. 하지만 우리의 관심은 케이트 모스가 런칭한 매장과 인디 디자이너들의 기발한 패션을 만날 수 있는 지하 매장으로 향했다. 케이트 모스가 디자인하고, 오직 이곳에서만 판매하는 옷들은, 역시나 비쌌다. 하지만 금색별이 프린트된 하늘거리는 시폰 원피스처럼 케이트 모스의, 케이트 모스에 의한, 케이트 모스를 위한 옷들은 그야말로 딱이었다.

인디 디자이너들의 패션들도 가격이 만만치 않았다. 런던이라는 세계에서 가장 핫한 도시 한복판에서 패션을 향한 자신의 열정을 시험하고픈, 그리하여 전 세계 곳곳에서 이곳을 찾아 밤을 새웠을 그들의 얼굴이 어른거려 심장이 두근거린다. 창조라는 것, 무無에서 유有를 만들어낸다는 것, 유에서 또 다른 유를 만들어낸다는 것은 분명 축복 받은 일이다. 지구를 빼곡히 채우고 있는, 가끔은 두렵고 지겨워지는 인간이라는 종족이 마음에 드는 이유도 결국 창조적 에너지를 지닌 존재이기 때문일 것이다. 생각해보면 이 세상에는 수십억 명에 달하는 사람들의 수만큼 그 종류를 가늠할 수 없는, 그 수를 헤아릴 수 없는 창조성이 꿈틀거리고 있다. 그런데도 우리 곁에는 자신의 영육을 이루는 그 창조적 에너지를 발견하지 못한 채 무의미한 일상을 영위하는 이들이 너무도 많다. 세상이 만들어놓은 훈육이라는 굴레를 숙명으로 받아들인 채 내 안의 자유로운 창조적 영혼과의 접선을 주저하는 이들이 대부분이다. 한편으로 그것은 어디에서 사는지가 중요하게 작용하기도 한다. 단 하나의 법칙으로 굴러가는 곳보다는 요란스럽지만 여러 개의 법칙이 제 몫을 하는 곳, 맞고 틀림이 분명한 곳보다는 '다름'이라는 가치로 세상을 바라보는 곳이 우리의 영혼을 살찌우고 자라게 한다. 세상에는 아름다운 곳이 너무도 많다. 죽기 전에 가야 할 장소들이 우리의 마음을 급하게 만든다. 그곳들 가운데 내가 다녀간, 그리고 지금 머물고 있는 런던이라는 도시는 창조적 영혼들을 아무런 편견 없이 받아들여주는, 그들의 일거수일투족을 따뜻한 시선으로 보듬어주는 곳이기에 아름답다. 나는 분명 남들과 달라, 라고 마음속으로만 외치는 그대여, 더 늦기 전에 자신의 심장을 쿵쿵 뛰게 만드는 곳을 외면하지 마시라. 그곳이 혹 런던이라면 더 이상 고민하지 마시라.

'런던의 명동'으로 불리는 옥스퍼드 서커스도 어느덧 끝이 보인다. 맘 같아서는 다른 곳에서는 찾기 힘든 독특한 디자인으로 새끈하게 빠진 옷들을 왕창 담고 싶었지만, '나는 여행자'라는 사실을 입으로 되뇌며 이겨내야 했다. 어느 책에서 본 구절이 생각났다. 소유하고 싶은 것을 모두 가져버리면 허무할 거라고. 소유하면 바라볼 수 없으니까 행복하지 않을 거라고 했던 것 같다. 그 구절을 떠올리며 케이트 모스에 대한 아쉬움을 날려버리기로 했다. 소유하고 나면 바라볼 게 없어지고 그럼 사소한 즐거움도 없어지겠지? 케이트 모스를 소유하지 않고(?) 남겨두는 건 다음 런던 여행을 기대하기 위해서다. 그때쯤엔 케이트 모스를 그냥 하나 사버릴 만한 용기를 가진 내가 되어 있을 거란 믿음으로.

에펠탑에 대한 환상을 깨고 싶지 않아 세 번의 파리 여행에도 에펠탑을 가보지 않았다는 친구가 있다. 처음엔 바보 아니냐고 말했지만 조금은 이해가 간다. 그녀는 그렇게 자꾸 환상을 안고 파리로 간다. 대형 쇼핑가의 연속이라 마음 한구석이 허전하기도 했지만, 조급할 필요는 없을 것 같다. 이제부터 천천히 한 걸음 한 걸음 런던 속으로 걸어들어 가면 된다. '천로역정'의 주인공이 긴 순례의 길을 떠나 성스러운 구원의 도시를 향해 걸어가듯이 오늘은 런던 여정의 첫 걸음일 뿐이다. 옥스퍼드 서커스에서 출발한 우리의 발걸음이 런던의 깊고 깊은 심장으로 들어갈 그날을 상상해본다.

런던의 영혼은 과연 무엇일까? 어디를 여행하든 그곳의 '영혼'을 만질 수 있다면 최고의 순간이 될 것이다.

불편한 마음

지도를 꺼내어 코벤트 가든을 찾았다.

그런데 생각보다 쉽지 않다. 지도에서는 바로 코앞인데 좀처럼 나타나지 않는다. 여행자에게 골목이란 때론 훼방을 놓는 법. 엉터리 내비게이터 언니를 졸졸 따라 다니며 이 골목 저 골목을 헤매는 동생들에게 미안할 지경이다. 그래, 너희들이 고생이 많다.

손에 들린, 그러나 전혀 도움이 되지 않는 지도를 보고 있자니 런던을 오기 전 뒤늦게 찾아 읽은 한비야의 『지도 밖으로 행군하라』라는 책 한 권이 생각난다. '바람의 딸' 한비야를 모르는 사람이 있을까. 자신을 필요로 하는, 긴급구호 현장이라면 어디든지 찾아다니는 그녀. 하지만 나는 그분의 책에 손을 대지 않았다. 아니 손을 댈 수 없었다. 그것은 아마도 미안함 혹은 죄스러움이었을 것이다. 마음은 굴뚝같지만, 정작 몸뚱아리는 꿈쩍 하지 않는 나와 정반대의 삶을 살고 있는 그녀라는 거울에 비친 내 모습이 못마땅했기 때문이리라.

그런데 런던 여행을 위해 가이드북을 사러 서점에 들른 날, 나는 런던에 관한 책이 아닌 그녀의 책을 제자리에 서서 줄줄 읽어가는 나를 발견했다. 그저 '구호 천사'로만 여겼던, 그래서 괜히 나를 불편하게 만들었던 그녀의 글은 너무도 따사로웠다. 삶이라는 녀석을 적극적으로 마주하는 그녀의 모습은 참으로 아름다웠다. 적어도 그녀에게 '나'라는 존재는 없는 듯했다. 모두가 세상에서 가장 소중한 나라는 존재에 집착할 때 그녀는 묵묵히 '타인의 고통' 속으로 파고들었다. 그것은 사랑이었다. 그중에서도 가장 어렵다는 나라는, 우리라는 영토를 넘어선 그녀의 사랑은 눈물샘의 온도를 뜨겁게 올려주었다. 순간 오직 나만을 위한 여행을 준비하고 있던 내 모습이 슬쩍 부끄러워졌다.

여행의 첫 문턱에서 목적지를 찾지 못해 짜증이 밀려오는 순간, 나는 한비야 님의 글을 떠올렸다. 런던의 한 귀퉁이에서 헤매고 있는 이 순간조차 세상에서 가장 아름다운 시간을 누리고 있음을 깨달았다. 삶의 질긴 질곡을 견디지 못한 채 신음하는 이들을 생각한다면 '지금, 여기 이 순간'이 너무도 행복하다는 사실을 알게 되었다.

우리 나이쯤 되면 가끔 자유 여행보다 패키지 여행이 생각날 때가 있다. 아무 계획 없이 몸만 떠나서 모든 것을 생방송처럼 보겠다는 멋진 포부도 여행이 다가오면 어느새 작아져 있기 때문이다. 때론 나의 코스를 완벽히 짜주고 몇 시까지 어디로 오라는 지시가 고마울 때가 있는 법. 내가 아는 그녀는 패키지라는 단어를 금지어처럼 쓴다. 그건 자신의 스타일이 아니라며 무조건 자유 여행만을 택한다. 내가 참 좋아하는 사람이지만, 함께 여행을 하는 게 조금 망설여지는 이유이다. 계획 없이 여행을 떠나면 가끔 본 것 없이 밤이 되어버리기도 하고, 맛없는 음식도 비싼 돈을 주고 먹어야 하지만 그것도 여행의 즐거움이라는 그녀. 또 어떤 이는 여행을 가서 일부러 길을 잃는다고 한다. 때론 길이 전혀 생각이 나지 않아 울기도 하고 발이 부르트기도 하지만 그것이 좋단다. 생각지도 못한 사람을 불쑥 만나는 것도 좋고, 예약하지 않고 들렀던 곳에서 횡재를 해 싼 값에 고급 호텔에 묵는 것도 좋다고 했다. 어쩜 그것이 여행이 아닐까 싶다. 계획 없는 데서 또 다른 계획을 세울 수 있는 힘을 얻는 것. 생각해보면 계획 없이 비행기 표만 달랑 끊어 떠나는 그녀들이 얻는 게 백 배는 많다.

여행자로 산다는 것,
그것은 때론 세상의 누군가에게 한없이 고마워지고, 그만큼 미안해지는 것이다.

코벤트 가든

어렵게 당도한 코벤트 가든은 옥스퍼드 서커스와 달리 아담하고 조용했다. 고상한 분위기가 마음에 쏙 든다. 스펙터클한 풍경이 보는 이의 마음을 혹하게 한다지만, 역시 기억에 두고두고 남는 건 고즈넉한 풍경이다.

코벤트 가든 근처에는 로얄 오페라 하우스와 1500년부터 이어져온 꽃 시장이 있다. 영화 〈마이 페어 레이디〉의 오드리 헵번이 꽃을 팔던 바로 그곳이다. 여행지를 선택할 때 나 역시 유명한 건축물, 유명한 음식점을 찾게 된다. 쓸데없이 돈을 버릴 일도 없고 다녀와서 실망할 일도 별로 없으니까. 그런데 그렇게 유명한 것과 맛있는 것이 '확실한' 곳을 찾아다니자 어느 순간 여행이 지루해졌다. 인터넷 블로그만 봐도 다 알 수 있는 느낌. 검색만 해도 바로 볼 수 있는 장소인데, 이게 과연 여행일까 싶었다. 인터넷에서 쉽게 볼 수 없는 나만의 장소와 음식을 찾아야겠다는 생각이 들었다. 이번 여행에선 가능할까? '스크리버'라는 이름의 작은 카드 가게에 들어갔다. 앙증맞다. 모양새는 물론 쓰임새도 다양한 카드들이 여행자의 마음을 흔들어 놓는다. 생일축하 카드는 기본이요, 이별을 위한 카드, 취업을 축하하는 카드 등 별의별 카드가 다 있다. 이곳의 카드를 보고 있자니 세상에는 참으로 축하할 일이 많다는 걸 느낀다.

여행지를 택할 때 영화 속 배경지를 찾아 떠나는 친구가 있다. 영화에 등장해 유명해진 마을과 바다가 많은 건 사실이지만 그것이 기준이 된다는 건 좀 신기하다. 영화를 보며 느끼는 것과 실제 그 현장에서 장소를 느끼는 것. 같은 곳을 보며 서로 다른 느낌과 감정을 가지는 것이야말로 여행자의 특권일 테니까. 한 장소, 그러나 다른 느낌. 상큼하다. 비타민 씨를 눈으로 흡수하는 느낌. 긍정 에너지가 마구마구 분비되는 이 기분을 계속 살리고 싶다.

그것은 여행이 아니다

모두가 아는 곳에서
그것을 '구경'하는 것,
그것은 '여행'이 아니다.

뽀오얀 고양이 따스한 낮의 꿈

빈티지 가게의 레트로 스카프

사랑에 빠진 연인들에겐

달콤쌉쌀한 석류 티 향기

모든 것이 다 일요일 속으로

보물섬을 찾아가던 폭풍의 바다

노란 벽돌길, 에메랄드 성의 모험

잃어버린 별 찾아 바다로 뛰어들던

모든 눈물과 모든 웃음

그 모든 것이

상처투성이 먹구름 눈물 속

맞바람을 타야 높이 나는

삶의 달콤한 패러독스

두려움은 맞서야 사라지는 것

하나도 쓸모없는 일은 없었지

지금 이 순간을 준비하기 위해

투명하기 위해

마음이 조용히 열리면 들어 있는

퍼즐 조각

그것을 너와 이어보면 보이는

천국의 지도

마음의 문이 열리면

고개를 내미는 파랑새

푸른 깃털 하나

너에게로 날아가네

마음속의 문을

수없이 열면, 그곳은…

_ 이상은 'Bliss'

긍정 에너지

코벤트 가든은 무엇이나 구경거리가 되는 곳이다. 런던은 런던이되, 관광객이 더 많아 진짜 영국인을 알아맞히는 게임을 할 수 있는 곳이다. 점심 메뉴를 고르는 세련된 아가씨도, 음반을 고르는 넉넉한 몸집의 아저씨도 한 폭의 멋진 '컷'으로 다가오는 곳이다. 길가에 아무렇게 앉아 점심을 때우는 직장인들도, 유모차를 끌고 가는 미시족도 멋진 곳이다. 요즘 한창 뜨고 있는 오가닉 슈퍼에는 '디자인 왕국'이라는 애칭에 걸맞는 발랄하면서도 건강미 넘치는 패키지들이 여행자의 눈을 즐겁게 한다. 유기농 식품이라면 으레 초록색 포장으로만 알았는데 런던은 유기농마저도 알록달록하게 만드는 재주를 가진 도시다.

어느새 리젠트 스트리트까지 흘러왔다. 1875년 튜더 왕조 스타일로 지어진 리버티 백화점이 우아한 자태를 뽐내며 우리 앞에 서 있다. 리버티 백화점은 사람들로 넘쳐나는 런던 시내에서 잠시나마 휴식을 취할 수 있는 곳이다. 마치 도서관 사서처럼 조용한 직원들, 걸을 때마다 삐거덕거리는 나무 플로어는 대형 백화점이라기보다 작은 미술관에 온 듯한 기분이다. 조심조심 백화점을 돌아다니다 빨간 스커트를 입은 요정 인형을 샀다. 그런데 직원의 마음 씀씀이가 감동이다. 작고 소소한 인형을 귀한 선물처럼 조심스레 포장하고, 단정하게 내 손에 안겨주는 그녀 덕분에 기분이 좋아졌다. 제인 오스틴의 소설 속 주인공이 된 것 같은 이 기분이란.

여행이 주는 긍정적인 힘은 이런 것 같다. 친절한 직원들을 수없이 만나도 전혀 감동을 받지 못했던 내가 런던에서는 작은 미소 하나에도 엔도르핀이 솟는다. 여행, 참 사소한 것을 보여준다. 옷을 사고 슈퍼에서 장을 보고, 공간만 다를 뿐이지 내가 한국에 있을 때와 별 다르게 사는 건 아닌데 놀라운 건 내가 소박해지고 있다는 것이다. 왜 한국에서는 느끼지 못한 이 긍정적 에너지들이 여기서는 이렇게 샘솟을까? 아무리 생각해도 그 답은 모르겠다. 그냥 이 긍정적 에너지를 한국으로 가져가고 싶을 뿐.

노팅 힐이다.
원래 노팅 힐은 내일로 예정되어 있었다. 하지만 내친김에 분위기 파악이라도 하자는 '대세'에 따라 계속 걷기로 했다. 셋 모두 런던에 푹 빠진 게 분명하다. 양쪽으로 펼쳐진 가로수 아래 예쁜 자전거들이 휴식을 취하고 있다. 연보라, 파랑, 노랑으로 칠해진 집들은 시간이 잠시 멈춘 듯 평온하기 그지없다. 어디선가 새소리가 맑게 울려 퍼진다. 집집마다 정성스레 가꾼 정원은 당장이라도 들어가 사뿐히 즈려밟고 싶게 만든다. 뚱뚱한 검은 고양이가 기지개를 켜는 정원을 가진 아담한 집에서 사는 기분 좋은 상상. 노팅 힐은 그렇게 살고 싶은 도시다. 줄리아 로버츠와 휴 그랜트가 알콩달콩 살아가던 영화 그대로의 공간. 노팅 힐은 이처럼 아기자기하고 귀여운 곳이다.

다행이다. 평일에 찾은 노팅 힐은 세 여인의 발자국 소리를 들을 수 있을 정도로 조용했다. 산책하는 기분이 일품이다. 앤티크 가게에 들어갔다. 본디 자신이 갖고 있던 광채를 한 겹 정도 털어낸 듯한 크리스탈 장신구들이 그윽해 보인다. 노팅 힐과 어울릴 것 같지 않은 중국산 낡은 비단도 손으로 비벼보고 눈길을 한 번 더 주니 묘한 궁합을 자랑한다. 나무로 만든 간판과 문. 노팅 힐을 이어주는 가게들은 시간의 흐름을 고스란히 간직하고 있었다. 인간의 감각으로는 결코 만들어낼 수 없는 아름다움, 바로 시간의 퇴적 말이다.

노팅 힐이 아름다운 건 이곳을 찾는 이들에게 하늘을 올려다볼 수 있는 여유를 안겨주기 때문이다. 오늘따라 유난히 하늘이 투명하고 파랗다. 런던의 하늘이라고 믿기 어려울 정도이다. 파란 하늘 때문일까. 초록 넝쿨이 우거진 와인 빛 벽돌집이 유난히 도드라져 보인다. 고불고불 작은 길을 따라 천천히 걷다 보니 잠시 시간이 멈춘 것만 같다. 유명인이 살았다는 증거라는 파란색 표시가 된 집들은 반드시 확인해야 직성이 풀린다. 아니나 다를까. 조지 오웰이라는 이름이 쓰여 있다. 『동물농장』, 『1984』의 작가. 한편으론 고개가 갸웃거려진다. '빅 브라더'가 지배하는 음울한 미래를 그린 그가 이렇게 어여쁜 노팅 힐에서 살았다니…. 세상일은 모를 일이다. 하지만 그때, 동생 기정의 말 한 마디가 조지 오웰의 흔적에 타당성을 부여해준다. 노팅 힐이 지금처럼 부촌으로 자리잡은 건 1980년 이후의 일. 그 전까지는 런던에서 가장 가난한 동네 중 하나였다니 조지 오웰과 그 시절 노팅 힐이 야릇하게 겹쳐진다.

포토벨로 마켓 주변을 어슬렁거려 본다. 저마다 하늘색, 핑크빛, 파스텔 톤으로 채색한 가게들이 카메라의 용량을 야금야금 잡아먹는다. 매주 토요일마다 앤티크 장이 서고, 야채와 과일을 파는 노점상들이 문을 여는 곳. 하지만 오늘은 텅 빈 거리가 왠지 쓸쓸해 보인다. 주말에 시간이 나면 다시 오자고 동생들이 바람을 잡는다. 하긴, 오늘 우리가 좀 무리하긴 했지. 아쉽지만 오늘은 슬슬 접자고!

나무들이 총총총 서 있는 호젓한 거리, 소박한 분위기. 노팅 힐과 포토 벨로 마켓은 반짝반짝 눈이 부시지는 않았지만 소박함과 옛 것, 여유, 추억이라는 단어가 저절로 떠오르는 곳이었다. 이 기분, 오래오래 남을 것 같다. 이 정도면 런던이라는 과목의 첫 수업은 대만족이다. 8년이라는 시간 동안 마모되었던 런던이라는 기억들이 다시 까끌까끌해지는 기분. 아무런 목적 없이 거리를 헤매도 좋은 일이 일어날 것만 같은 기분.

이상하다. 사방을 둘러봐도 나를 반겨주는 곳은 없는데, 딱히 갈 곳이 보이지 않는데, 그래서 자칫 초라해질 수 있는 여행자인 나를 따뜻하게 보듬어주는 런던이라는 녀석이 신기하다. 8년 전의 런던은 그렇지 않았다. 숨 한 번 크게 쉬고 하늘 한 번 쳐다보아도 내 가슴은 허전하기만 했다. 아무것도 하지 않아도 노곤한 하루가 이어졌다. 피곤한 마음을 쉬고 싶어 무작정 거리를 나서도 이내 돌아서야만 했다. 예술가의 감성을 불어넣고 싶어 찾았던, 그래서 미술이라는 시각언어로 지친 나를 다독이려 했지만 정작 내 감성은 말라만 갔다. 답답했다. 이런 게 방황인가. 고통스러웠다. 런던의 우중충한 하늘은 보는 것만으로도, 아니 머리에 이고 있는 것만으로도 고역이었다.

8년 후 다시 런던을 찾아야 할지 꽤 많은 고민을 했다. 8년 전 아쉽게 떠나왔던 곳이기에 꼭 한번 다시 오고는 싶었지만 망설여졌다. 사랑에 다친 사람이 다음 사랑을 겁내듯이, 또 같은 상처를 입을까 두려웠다. 하지만 떠났다. 다행이다. 그러길 잘했다는 생각이 든다. 피곤하기만 했던 내가 편안하게 웃을 줄도 알고, 무엇보다 자주 웃고 있으니까. 내 모습이 어떻게 변했을지 확실하지 않지만 적어도 내가 변했을 거라는 확신은 있었다. 그 확신을 믿었고, 난 지금 런던이다.

런던의 동서남북을 요리조리, 갈팡질팡 헤맨 오늘 하루. 초등학생 시절 소풍이나 운동회 이후 오늘처럼 먼 길을 신나게 돌아다닌 적이 있었던가. 어린아이로 돌아간 것 같은 마법 같은 시간들.

문득 가슴이 벅차오른다.
그야말로 lovely London이다.

런던 산책

런던은 걸어야 제맛이다. 『London walker』라는 책이 있을 정도다. 아침을 간단히 때우고 숙소 주변을 걷기로 했다. 오늘은 먼 길을 나설 수 없다. 베를린에서 만난 후배가 이곳 런던을 찾기로 했기 때문이다. 베를린에서 런던이라. 괜히 우리 때문에 무리한 게 아닌가 싶어 말렸지만, 비행기 티켓이 저렴하니 걱정하지 말라며 오히려 우리를 다독인다. 서울에서 충주 혹은 전주를 찾듯이 베를린에서 런던을 오가는 '유러피언'들이 부러울 따름이다.

영국인들은 유난히 걷기를 좋아한다. 런던을 벗어나 시골에 가면 '산보로 public foot path'라는 게 있어 구불구불한 자연을 가로지르며 걷는 재미를 만끽할 수 있다. 산보로. 오직 사람을 위해 존재하는 이 길은 당연히 자동차가 다니지 않는다. 담장도 처져 있어 야생동물이 뛰어드는 일도 없다. 강아지와 함께 산책을 나온 할머니가 보인다. 뭐가 그렇게 사랑스러운지 말 한 마디 한 마디 끝에 'lovely'라는 수식어를 붙인다. 누군가에게 그 단어를 그렇게 무한히 사용할 수 있는 할머니의 마음이 참 포근하다. 동네를 거니는데 'trade'라는 이름의 가게가 눈에 띈다. 영국의 환경보호단체에서 운영하는 리사이클링 가게인 이곳은 사람들에게서 받은 헌옷을 수집해 다시 파는 곳이다. 여기에서 생겨난 수익은 오로지 세계의 빈국을 구제하고, 환경을 보호하는 데 쓰인다. 영국 하면 근엄하고, 딱딱한 표정의 사람들만 생각났는데 우리의 '아름다운 가게' 같은 곳이 있다니 한결 친근해진다. 사실 난 냉랭한 표정의 영국인들에게 뜨끈한 설렁탕 한 그릇 말아주고 싶은 사람 중 한 명이었거든.

이런 가게라면 당연히 쇼핑을 해줘야 한다. 가게를 어슬렁거리다가 마음에 쏙 드는 검은색 앙고라 가디건을 구입했다. 12파운드. 우리 돈으로 2만 원 정도. 제조회사 꼬리표도 없고, 어딘지 엉성한 구석이 있어 좀 더 자세히 살펴보니 누군가 직접 손뜨개질로 만든 것이다. 그래서 더 마음에 든다. 손으로 직접 쓴 편지를 받은 기분이다.

이 앙고라 카디건은 앞으로 내게 런던의 추억을 오랫동안 간직하게 해줄 것만 같다. 포근하기도 하지만, 그냥 지금 이 기분이 참 좋다. 그 기분도 잠시 또 잠깐, 하이 스트리트 브랜드 톱 샵이 떠오른다. 내 눈을 반하게 한 케이트 모스 매장이…. 앙고라 카디건도 물론 좋지만 케이트 모스 옷도 쉽게 잊을 수는 없으니. 하지만 난 이 옷이 더 좋다. 아! 또 잊었다. 케이트 모스 옷은 다음 런던 여행을 위해 설렘으로 남겨두기로 했지!

이런 생각을 해본다.

만약 나 홀로 런던을 다시 찾았다면? 아마도 지금과는 180도 다른 여행을 하고 있을 것이다. 나의 취향을 감안하건대 쪼르르 클럽으로 달려가거나, 캄덴 타운의 록커와 펑크들 사이에서 형광색의 알록달록한 스타킹을 자랑하고 있을 것이다.

아니, 어쩌면 여행은 '취향'과는 무관한 건지도 모른다. 아무리 소심하고 용기 없는 사람일지라도 호방해지고 자유로워지는 시간. 여행이란 그런 걸지도 모른다. 적극적인 친구가 유독 미국만 가면 소극적이 된다. 소극적인 사람도 적극적으로 변한다는 미국인데 그는 왜 소극적인 사람이 될까? 잠시 다른 자신을 찾고 싶다고 했다. 시끌벅적하고 능동적으로 살아 움직이는 미국에서 그는 소극적으로 살아보고 싶다고 했다. 자신의 진짜 모습을 감춰도 아무도 모르는 곳, 잠시 타인처럼 살아도 다시 나로 돌아올 수 있는 곳. 그곳이 바로 여행이다. 나의 취향과 타인의 취향이 한데 뒤섞이는 시간. 여행이란 그래서 우리의 마음을 들뜨게 하는 것일지도 모른다.

하지만 이번 여행만큼은 내 취향을 생략하기로 했다. 내 곁엔 런던 여행의 FM을 체험해야 할 두 동생들이 있으니까. 그래서 선택했다. 나의 취향을 온전히 무시하지 않고, 두 동생의 추억을 보장해줄 수 있는 곳. 그곳은 바로… 킹스로드!

킹스로드는 패셔너블하고 아티스틱하고, 부티가 좔좔 흐르는 거리이다. 나에겐 옛날 학교 기숙사가 있던 곳이라 추억의 거리이기도 하다. 내가 킹스로드로 결정한 건 동화의 나라에 온 듯한 아기자기한 분위기와 카운터 컬처의 향기가 감도는 곳을 좋아하는 우리 셋의 취향을 동시에 만족시켜주는 곳이기 때문이다. 혹시 우리와 조금이라도 비슷한 취향을 가진 이가 있다면 런던 여행의 시작을 이곳으로 삼아도 좋을 것 같다. 왜냐, 당신의 취향은 소중하니까!

문득 이런 생각을 해본다. 만약 우리 중 한 명이라도 리츠 호텔에서 오후의 홍차를 마시는 걸 좋아한다면? 생각만 해도 타이레놀이 생각난다.

track 02

당신은 꼭 무지개 같아

살아 있다는 것만으로도 외로웠던 그 시간, 소호 특유의 개방적이고 즐거운 분위기가 나의 끔찍했던 8년 전의 고독을 나긋나긋하게 녹여주었던 기억이 새록새록 생각난다. 그 시간으로 인해 나는 '다름'과 '차이'의 미학을 알 수 있었다. 내 눈에 보이는 것을 의심하고, 내 눈에 보이지 않는 것들의 가치를 탐구하고 음미하는 여유를 갖게 되었다. 덕분에 내 마음의 키도 훌쩍 자랄 수 있었다. 자신 혹은 집단이라는 이름이 정한 삶의 공식과 조금만 달라도 폭력의 눈으로 바라보는 우리에게 런던의 소호는 많은 것을 생각하게 한다. 이분법적 삶의 논리에 끼어들지 못해 희생된 삶의 또 다른 가치가 우리 곁에는 지금도 너무나 많다는 것을 깨닫게 한다.

『일과 나이에 구애받지 않는 영국의 풍부한 상식』이라는 책에는 이런 구절이 있다. 계급 제도가 지금의 영국에서는 그 의미를 많이 상실했다고. 20여 년 전부터 영국인의 80퍼센트가 자신을 중산층으로 여기게 되었고, 그 결과 오랫동안 영국인의 가슴 속에 박혀 있던 계급의식이 흐려졌다는 것이다. 찰스 황태자의 아들이나, 동네 제과점의 아들이나 똑같은 액수의 '아동 수당'을 받게 되었다는 것이다.

그 책에서 인상 깊었던 건, 영국에서 사람들을 나누는 기준이 '돈'이 아닌 성격과 취미, 취향, 흥미라는 것이었다. 물론 자본주의 사회에서 이 말을 전적으로 신봉할 수는 없겠지만, 나이와 직업을 뛰어 넘어 누구나 자신의 존재감을 가질 수 있는 사회라는 건 분명해 보인다.

참, 이런 대목도 있었다. (일본이나 우리처럼) "나는 어떤 회사에 다니는 누구입니다" 식으로 자신의 학력과 경제력을 은근히 드러내는 것처럼 자신의 '계급'을 여전히 강조하는 사회는 다분히 시대착오적이라는 것이다. 그보다는 "나는 남미에서 수입한 유기농으로 재배한 커피를 배달하는 일을 하고 있습니다"처럼 자신이 무엇을 좋아하고, 좀 더 구체적이면서도 개인적인 자기소개가 이루어지는 사회를 예찬하는 부분이 참 끌렸던 게 생각난다. 어쩌면 내가 음악을 하는 이유도 똑같다. 내 이야기를 음악에 담고, 은근슬쩍 그렇게 나를 드러내고 싶었다. 직접적으로 내 이야기를 담은 노래는 아니지만, 가사 하나하나에서 내가 느껴지는 음악이 필요했다. 그런 음악이 좋았다. 내 작은 일부라도 음악에 담을 수 있다면… 그것이 음악을 하는 이유다. 세상이 정해 놓은 '영토'에서 아등바등하며 살기보다 오로지 자신만의 삶을 살아가는 이들이 많아진다면 우리네 삶도 한층 풍성해지리라. 그것이야말로 어른들이 아이들에게 물려줄 수 있는 가장 큰 선물일 것이다.

문득 어린왕자의 한 대목이 떠오른다.
"얼마짜리 집에서 사니?"라고 묻지 말기. 대신 "지붕의 색깔은 뭐니, 창문에는 어떤 무늬의 커튼이 쳐져 있니?"라고 물어보기.
이쯤에서 이런 질문이 생각난다.

지금, 당신은 누구입니까?

어쭙잖게 몇 권의 책을 내면서 나도 모르게 출판에 관심을 갖게 되었다. 서점을 찾는 횟수도 예전에 비해 한결 잦아졌다. 그저 단순히 시간이 남아, 심심풀이로, 혹은 여행을 앞두고 읽을 만한 책을 찾던 내가 이제는 독자들의 관심이 어디에 있는지, 지금 출판의 방향은 어떻게 흐르고 있는지를 살피게 되었다. 지금처럼 책을 쓸 때에는 음악보다 책에 더 많은 시간을 할애하는 내 모습을 발견하게 된다.

언제부턴가 서점에서 유난히 '심리학' 책들이 많아졌다. 심리학 열풍이라는 말이 지나치지 않을 정도다. 기정의 말로는 심리학 책이 독자들의 사랑을 받은 지 제법 오래 되었다고 한다. 그러고 보니 내가 대학에 다닐 때에도 대학생들이 품고 다니던 책 중 한 권은 심리학 도서였던 것 같다. 교양으로 듣는 심리학 수업도 상당한 인기를 모았었다. 그런 점에서 최근 심리학 책의 전성시대는 '심리학의 대중화'라는 관점으로 이해하면 될 것 같다.

런던을 찾기 전, 여행지에서 읽을 책을 고르기 위해 서점을 찾았을 때 그동안 벼르던 심리학 책들을 훑어보았다. 비록 짧은 시간이었지만, 그날 서점을 서핑한 결과에 따르면 최근 독자들의 사랑을 받는 심리학 책들이 뭔가 심오한 철학이나 해박한 지식을 담은 건 아닌 듯했다. 오히려 너무 당연한 이야기들이 '해답'처럼 나열되어 있었다. 심리학 책들이 대중을 사로잡은 비결은 바로 거기에 있었다. 어려운 용어를 쓰지 않는, 마치 상식처럼 다가오는 해답들이 결국 나에 관한 이야기, 혹은 나를 위한 이야기로 쉽게 다가오기 때문이다.

심리학 책이 인기를 모은 데에는 갈수록 팍팍해지는 세상 탓이 크다. 요즘 사람들, 특히 젊은이들은 그 어떤 때보다 '위로와 소통'이라는 화두에 집착하고 있다. 아이러니컬한 현실. 그 어떤 세대보다 0과 1로 이루어진, 인터넷과 모바일로 소통의 네트워킹에 능한 것으로 평가 받는 이 시대의 젊은이들이 소통에 집착한다는 사실을 어떻게 설명해야 할까? 이들이 자신들의 성장기와 무관한 김수환 추기경과 노무현 대통령, 김대중 대통령, 장영희 교수, 법정 스님 등을 진심 어린 애도와 추모의 마음을 담아 떠나보낸 것도 그만큼 허전하다는 걸 말해줄 것이다. 상실의 시대. 그 어떤 시대보다 풍요롭다고 자화자찬하는 현대인에게 심리학 책이 작은 위안으로 다가오는 까닭은 바로 여기에 있다.

전문가들은 최근 심리학 책이 자기 진화의 단계에 접어들었다고 말한다. 요사이 독자들에게 관심을 모으는 심리학 책의 겉옷을 벗기면 자기계발서라는 속살이 나온다는 것이다. 그러고 보니 런던 여행을 떠나기 전 지인으로부터 선물받은 책 역시 심리학을 가장한 자기계발서였다. 심리학을 패러다임 삼아 묻고 대답하는 그 책은 어떤 때는 돋보기처럼,

어떤 때는 현미경처럼 내 마음을 들여다보고 있었다. 그리고 이렇게 말하고 있었다. 성공하고 싶은가? 그렇다면 네 자신을 먼저 알라고, 네 자신을 사랑하라고, 이를 위해서는 심리학을 알아야 한다고 말이다. 나처럼 '성공'이라는 화두와 무관한 삶을 사는 이도 이럴진대 지루한 일상을 견뎌가며 어제보다 나은 삶을 꿈꾸는 사람들에게 이러한 책이 제법 위안이 되지 않을까 생각하며 고개를 주억거렸다.

과거 심리학 책은 인간의 본성과 마음, 대인관계, 그중에서도 남녀관계에 몰입했었다. 그러던 것이 이제는 성공과의 만남을 추구하는 메신저 역할을 자임하고 나섰다. 지난달 구입한 휴대전화가 구식이 되는 속도의 시대, 마음 깊이 존경한 사람들이 하나둘씩 세상을 떠나는 시대 속에서 안정을 희구하는 사람들에게 심리학 책은 적은 돈으로 얻을 수 있는 하나의 치유법이 되었다.

하지만 내 생각은 조금 다르다. 심리학 책이 대중의 마음을 사로잡고, 나아가 하나의 대안을 제시하는 지금의 모습이 마냥 긍정적으로 다가오지 않는다. 혈액형으로 사람을 파악하는 것 같은 두루뭉술한 내용으로 독자들을 현혹하는 것도 문제이지만, 지극히 말초적이고 실용적인 내용으로 심리학이라는 용어를 제목에 붙이고 나온 책들을 보는 마음이 영 편치 않다. 그보다는 우리가 생각하는 사회적, 경제적 성공이라는 고정관념에서 벗어나 좀 더 행복한 인생을 논하는 책, 인생의 본질을 꿰뚫으며 생의 목적을 제시하는 넓은 의미의 성공을 얘기하는 심리학 책이 많아지기를 기대해본다. 내가 여행을 떠나는 것도 같은 이유 때문이니까. 생각해보니 심리학 책이나 여행 에세이나 결국 같은 지점에 놓여 있는 게 아닐까 싶다. 서점에서 심리학 책을 찾아 헤매는 사람들의 모습과 '여행'이라는 삶의 실천을 갈망하는 것이 별반 다르지 않아 보인다. 행복해지고 싶은 본능. 책을 찾는 이유만 놓고 본다면 심리학 책과 여행서들은 서점의 같은 서가에 꽂혀 있어도 좋을 것 같다.

그런 점에서 나는 참으로 행복한 사람이다. 내가 사랑하는 후배들과 함께, 다시 찾고 싶은 런던에 함께 있는 지금이 너무도 좋다. 여행을 떠날 수 있고, 여행지를 고를 수 있다는 것, 즉 내게 주어진 삶의 모습을 스스로 선택할 수 있다는 사실이 얼마나 행복하다는 걸 이제야 알 것 같다. 런던은 가르쳐주었다. 여행지의 낯선 풍경을 감상하는 기쁨 속에 그동안 수고한 나 자신에게 온전한 휴식을 안겨주었다는 뿌듯함이 자리하고 있다는 걸.

나를 더욱 사랑하기. 지금 우리 사회에 사그라질 줄 모르는 심리학 열풍과 여행을 향한 갈망의 근원은 바로 여기에 있다.

사치 갤러리

글로벌 경제 위기의 진동이 킹스 로드를 강타한 것 같다. 몇몇 가게들이 텅 비어 있다. 옛날 킹스 로드는 이런 분위기가 아니었다. 개성, 펑크…. 이런 단어가 길바닥에 눌러붙어 떨어질 줄 몰랐다. 이른바 귀티가 철철 흐르는 펑크들, 즉 가난해서가 아니라 스타일이 좋아서 펑크인 이들의 집결지였다. 그런데 지금은…? 아니다. 중산층 요조숙녀들이 선호하는, 개성을 찾아볼 수 없고 하품만 나는 파스텔톤 꽃무늬가 지배하는 평범한 거리로 변해버렸다. 흑흑. 눈물겹도록 멋졌던 킹스 로드는 이제 내 추억 속에만 존재해야 하는 운명인가보다. 동생들의 분위기도 영 아니올시다이다. 하지만 죽으라는 법은 없나보다. '위타드'라는 아주 괜찮은 홍차 가게가 우리의 우울함을 달래준다. 하나를 사면 또 다른 홍차를 반값에 살 수 있는 절호의 기회를 놓칠 우리가 아니다.

홍차 가게를 나와 지하철역으로 걷다 보니 그 유명한 사치 갤러리가 보인다. 이름 그대로 아주 '사치' 스러운 그 갤러리. 내가 머물 때에는 비틀즈로 유명한 애비로드 스튜디오 근처에 있었는데 이 사치스런 동네로 이사를 온 것 같다. 런던에서도 보석 중의 보석으로 꼽히는 신록이 무성한 공원과 아름드리 나무들이 넓은 그늘을 드리운 좋은 입지에 세워진 갤러리가 얄밉도록 아름답다. 그 앞에서 장래 잉글랜드 프리미어 리거를 꿈꾸는 아이들의 축구공을 가지고 노는 솜씨가 제법 근사하다.

알다시피 사치 갤러리는 최고의 컬렉터로 유명한 광고계의 거부 찰스 사치가 주인이다. 센세이션을 불러일으켰던 데미안 허스트 Damien Hirst 의 〈상어〉도 바로 이곳에서 미술 작품이 되었다. 물론 지금 허스트의 전속 갤러리는 런던 화이트큐브이다. 데뷔 때부터 '미술계의 악동'으로 불리던 허스트는 얼마 전 대형 사고를 쳤다. 실제 인간의 두개골에 백금들을 씌우고 무려 8,601개의 다이아몬드를 박은 〈신의 사랑을 위해〉라는 작품을 1억 달러, 우리 돈으로 약 940억 원에 판 것이다. 허스트에 따르면 해골은 죽음을, 그리고 다이아몬드는 사치를 상징하는데, 이 두 개를 결합시켜 욕망으로 가득 찬 인간과 죽음의 관계를 탐구하고 싶었다고 한다. 자칫 귀에 걸면 귀걸이, 코에 걸면 코걸이 같은 지극히 당연한 얘기지만 그가 아니면 현대미술이 재미없었을것 같다.

허스트의 그림처럼 내 음악에도 이 진리가 통했으면 좋겠다. 그냥 누구나 할 수 있는 평범한 이야기에, 누구나 흥얼거릴 수 있는 콧노래 같지만 그것이 이상은만의 음악이 되었으면 한다. 평범하고 소박한 것들로 묵직한 메시지를 준 허스트처럼, 내 음악의 가사와 멜로디도 귀에 걸어서 귀걸이를 만들고 코에 걸어서 코걸이가 되었으면 좋겠다.

옥탑 방 낡은 지붕 밑
히말라야의 모나스트리보다
아웃사이더의 신에게 더 가까운
그대는 너무나도 아름다운 성녀

우린 세상에 지배당하지 않으려
세상을 다루는 법을 배웠지
하지만 그것은 아주 위험한 놀이
허나 하지 않으면 안 될

언젠가 어른이 되어
그 방을 떠날 때
작은 새는 버리지 마

떠나간 탕자와 같이
세상으로 떠났던 우린
다시 그 작은 방에
마음 속 그곳에 다시
성지와도 같았던 창가

우린 세상에 길들여졌고
이건 아니란 걸 알지만
그건 아주 위험한 놀이

너와 함께 떠나고 싶어
오래 전 그랬던 것처럼
달빛 아래 잠드는 섬으로

이 넓은 세상엔

없는 것이 없고

그리고 아무것도 없었어

언젠가 어른이 되어

세상을 얻을 때 기억해줘

어깨 위 그 작은 새

작은 방 문 열어

너와 다시 떠나고 싶어

섬으로, 맨발의 땅으로

숲속 한가득 차 있는 달빛

_ 이상은 '모나스트리'

불편한 오해

오해는 결국 내가 만드는 것이다.

오해라는 녀석은
내가 나만을 생각할 때 등장한다.
내가 나라는 존재에 집착할 때,
내 앞에 있는 그 사람은 내 시야에서 벗어난다.
내 삶에서 제외된다.

삶은 나의 것이다.
동시에 삶은 '공유' 하는 것이다.
오해는 결국 내가 풀어야 한다.

런던의 취향

런던은 거대한 멜팅 팟이다. 음식으로 치면 뷔페 같은 도시다. 우리가 아직 먹어보지 못한 문화의 접시들이 가득 놓인 테이블 같은 곳. 형형색색의 이미지를 펼쳐 보여주는 만화경 같은 곳, 이곳이 바로 런던이다.

다양한 문화, 다양한 취향, 다양한 색깔, 다양한 향기, 다양한 맛…. 런던은 다양성과 관용을 동시에 체험하고 배울 수 있는 나라이다. 이곳에서는 나의 취향도, 타인의 취향도 모두 문화라는 이름으로 해석되고, 받아들여진다.

런던은 이렇게 말하는 듯하다. 나의 고유한 취향이 소중하듯이, 타인의 취향도 그만큼 중요하다고, 존중받을 필요가 있다고. 지극히 당연한 얘기가 내가 사는 어떤 곳에서는 해당되지 않으니 순간 쓸쓸해진다.

베를린에서 아끼는 동생 '정화'가 우리를 찾아왔다. 런던 여행 중인 세 여인을 격려하기 위해 베를린에서 날아온 그녀가 놀랍고도 고맙다. 하지만 이게 웬걸. 우리로 치면 서울에서 대전에 온 것과 같다며 너무 고마워하지 말란다. 독일 남자 친구까지 생겼다며 세 여인의 심금을 울린다. 외국에서 공부한다는 건 분명 쉽지 않은 일이다. 게다가 정화처럼 생활비를 벌어가며 유학 생활을 한다는 건 말처럼 쉽지 않다. 하지만 스스로의 노력으로 인생을 개척한다는 것, 자신을 단단하게 단련하는 시간을 갖는다는 건 그 무엇과도 바꿀 수 없는 소중한 경험일 것이다. 정화의 반짝반짝 빛나는 눈망울이 그 증거이다. 오랜만에 얼굴을 맞댄 세 동생들의 종알거림이 그칠 줄 모른다. 그들이 풀어놓은 추억의 보따리를 듣노라니 나도 덩달아 어려진 것만 같다. 순간, 정화가 까맣게 잊고 있던 사실을 내 앞에 끄집어낸다.

- 언니, 기억나? 일본으로 유학 가려던 나에게 독일을 강추해서 내가 독일로 간 거 말이야.

문득 베를린에서의 시간이 생각난다. 베를린에 여행 온 나를 만나 동독 학교와 서독 학교 중 어디를 선택할지 고민 중이라고 얘기했던 1년 전 그녀의 모습이 떠오른다. 아, 맞다! 그러고 보니 그 사이에 정화가 어떤 학교에 갔는지 묻지 않았다.

- 서독 학교로 갔어.

모든 걸 고려한 끝에 서독 학교를 선택했다는 그녀에게 밝은 웃음으로 '잘했다'고 힘을 실어주었다. 물론 정화가 동독 학교를 택했다 해도 난 그녀의 선택을 온맘으로 응원해주었을 것이다.

누구나 최종 선택은 결국 스스로 결정하는 것. 하물며 오래 전부터 유학을 준비하고, 최선을 다해 하루하루를 살아가는 이 아이의 선택이라면 그건 당연히 믿어주어야 하는 것이다. 설사 무언가를 결정해야 하는 어떤 이의 삶이 마뜩치 않을지라도 믿음의 눈으로 지켜보아야 한다. 단 한 명이라도 믿어주는 순간, 그는 자신의 선택을 믿게 된다. 다른 이의 믿음에서 생겨난 자신을 향한 믿음이 살아갈 용기를 가져다준다. 사는 재미를 안겨준다. 무언가를 얻게 해준다.

그러고 보니 정화에게 지금 런던에서의 시간은 '삶의 무게'를 잠시 내려놓는 휴식일 것 같다는 생각이 든다. 이 아이에게 말 한마디를 하더라도 정갈하게 다듬어 나눠줘야겠다. 베를린과 서울의 거리만큼 보고팠던 언니와 친구들과의 소중한 주말 휴가를 잘 가꾸어줘야겠다.

런던 여행에 동참한 영인이는 섬세하고 여린 아이다. 늘 조용조용한, 그래서 착한 일을 도맡아 하는, 눈이 크고 말이 없는 아이다. 물론 본인은 극구 부인한다. 하지만 나는 그녀가 좀 더 강해졌으면 하는 바람이 있다. 내가 이 아이를 런던에 데리고 온 이유도 여기에 있다. 강인하고, 독립적이고, 씩씩한 런던 여자들의 기운을 받기를 원했다. 다른 이의 눈치를 보지 않고, 자유롭게, 자신의 인생을 척척 만들어나가는 여성들이 이렇게 많다는 걸 꼭 보여주고 싶었다.

나 역시 그랬다. 런던에서 공부하는 동안 내가 만난 런던 여성들은 에너지가 넘쳤다. 그들은 자신들이 무엇을 해야 할지, 무엇을 잘하는지 잘 알고 있었다. 그 일에 자신이 가진 모든 잠재력을 쏟아 부을 줄 알았다. 그 힘으로 경제적 독립을 이루며 살아가고 있었다.

어떤 이는 고개를 저을 줄 모르겠지만, 나는 런던이 이토록 '예쁜' 데에는 여성 중심의, 여성 취향에 맞는 도시이기 때문이라고 믿고 있다. 8년 전 내 느낌을 런던 토박이로 살아온 한 친구에게 전했을 때 그 역시 고개를 끄덕였다. 런던 여성들은 그 어떤 곳에 비해 단단하고 또렷하다고, 그들에게 행복이란 자신이 쟁취하고, 만들어가는 것이라고 내 말에 힘을 실어주었다. 자신 같은 런던의 남자들도 이 사실을 잘 알고 있어 '독립적'인 여성을 선호한다고 했다. 독립적인 여성이 되고 싶은 꿈을 누구나 한번쯤 갖는 것. 그 꿈이 가장 잘 드러난 곳이 바로 런던이다.

자존심이 뭐 그리 대단하냐며 친구를 구박하던 때가 있었다. 같이 사는 세상에 자존심쯤은 버리고, 다른 사람에게 맞추며 사는 것도 괜찮지 않을까 생각했다. 싫은 소리를 하는 사람 앞에서도 자존심을 구겨 평안을 찾았고, 화가 나도 자존심을 더 구겨 웃음을 찾았던 시절이었다. 그런데 나이가 들자 자존심이 '자존감'이 된다는 걸 알았다. 내가 무엇을 하고 싶은지, 내가 얼마나 가치 있는지를 아는 것이 얼마나 소중한지를 깨달았다. 자존감이 생긴 후로는 무엇을 하든 즐거웠다. 내가 좋아서 택한 일이기에 모든 책임은 나에게 있다는 것, 그게 바로 자존감이었다. 나를 잘 아는 사람들에게 종종 말하곤 한다. 자존감을 갖는 것은 소중한 하루를 만들어가는 작고 소중한 빛이라고.

나는 소망한다. 나의 사랑하는 동생 영인이 보기만 해도 절로 기운이 나는 런던 여성의 기운을 흠뻑 받아들이기를 바란다. 영인에게 마음속으로 이렇게 속삭여주었다.

'영인아, 한 살 한 살 나이가 먹을수록 가장 붙잡고 싶은 단어가 뭔지 아니? 그건 바로 '자존감'이란다. 나를 사랑하는 마음, 나를 인정하는 마음. 내가 나를 사랑해야, 그리고 내가 나를 인정해야 다른 이도 나를 사

랑하고, 인정한단다.'

나를 사랑하는 법.

비록 짧지만 우리와 함께 하는 런던 여행을 통해 나를 사랑하는 법을 알게 되기를, 그래서 한국에 돌아갈 때는 지금보다 한결 씩씩해지기를 기도한다.

작은 아이

내 음악을 유난히 좋아하는 한 아이가 있다. 나는 이 아이를 늘 '작은 아이'라고 부른다. '작은'이라는 애칭을 갖고 있지만, 이 아이는 길을 지나는 남자들이 돌아볼 정도로 화사한 외모를 자랑한다. 여자가 봐도 예쁜 얼굴과 성숙한 몸을 지니고 있어 주변 사람들의 부러움을 독차지하고 있다. 어린 시절, 부모와 함께 해외에서 자란 덕분에 원어민이 울고 갈 만한 외국어 실력도 갖추고 있다. 무엇보다 필사적으로 일에 매달리지 않아도 먹고사는 게 해결되는 좋은 부모가 계시다. 한마디로 '엄친딸'인 셈이다.

그런데도 내가 이 아이를 '작은 아이'라고 부르는 까닭은 바로 마음밭의 크기 때문이다. 나는 이 아이를 볼 때마다 괜히 안쓰럽다. 아니 불만 투성이다. 겉으로 대놓고 말하진 않지만, 속으로 이렇게 쏘아붙일 때가 한두 번이 아니다.
'아니, 네가 대체 뭐가 부족해서 그렇게 소심한 거니? 세상을 향해, 사람들을 향해 너 자신을 당당히 드러내면 안 되겠니?'

사실이다. 모든 걸 갖춘 이 아이는 자신이 얼마나 잘난 줄 모른다. 처음에는 가진 자의 겸손이라고 생각했던 나도 수년간 겪으면서 그게 아니라는 걸 깨달았다. 이 아이는 보기에 안타까울 정도로 자신을 과소평가하고 있다. 스스로를 폄하한다. 그래서일까. 이 아이 곁에는 언제나 각종 자기계발서가 쌓여 있다. '회사가 붙잡는 사람들의 1% 비밀'을 알려고 하고, '20대 때 해야 할 101가지' 일이 무엇인지 궁금해 하며, '아침형 인간'과 '소셜 네트워크형 인간'이 되기 위해 노력한다. 사회적으로 좋은 겉모습을 유지하기 위해 엄청난 에너지를 쓰고 있다.

인정받고 싶은 심리. 나는 많은 걸 갖춘 이 아이가 자신을 과소평가하고, 자신이 제대로 살고 있는지 전전긍긍해하는 모습을 볼 때마다 사람들로부터 인정받고 싶어 한다는 걸 알 수 있었다. 물론 사람이라면 누구나 인정받고 싶어 한다. 윗사람의 눈에 들려는 직장인, 이성의 눈에 띄기 위해 애를 쓰는 남자와 여자···. 인생이란 인정하기와 인정받기 사이를 오가는 롤러코스터와 같다. 나처럼 음악을 하는 뮤지션 역시 대중, 혹은 나만의 음악을 좋아해주는 사람들을 의식하는 게 사실이다.

하지만 이 아이의 인정받고 싶은 욕망은 그 정도가 지나치다. 이 아이는 항상 남을 의식한다. 이 아이가 자신을 꾸미는 것은 아름다움을 향한 기본적인 욕망이 아니라 다른 이에게 흐트러진 모습을 보여주기 싫어서이다. 직장 선후배와 동료들에게 조금이라도 부족한 모습을 보여주고 싶지 않아 단 1분도 지각한 적이 없다. 뭐, 이런 건 결국 이 아이의 인생에 도움이 되는 것들이니 그냥 넘어갈 만하다. 다람쥐 쳇바퀴 같은 삶을 선택하지 않은, 나 같은 사람에게 시계추 같은 이 아이의 일상이 이해되지 않는 건 너무나 당연하다.

문제는 이 아이가 항상 자신보다 '뛰어난' 누군가를 찾아 나선다는 데 있다. 회사에서도, 친구를 사귈 때에도, 심지어 사랑하는 사람을 선택할 때에도 이 아이는 자신이 인정할 만한, 동시에 자신을 인정해주는 사람을 찾는다. 그리고 그들에게 최선을 다한다. 이 아이에게 '찜'을 당한 사람으로선 기분 좋은 일이다. 그런데 이상하게도 이 아이와 그들 사이의 관계는 오래 가지 못한다. 왜일까? 항상 자신보다 나은 사람을 찾아 다니는 이 아이가 언제나 새로운 대상을 찾아나서기 때문이다. 그리고 누군가를 선택한 순간 그때까지 '멘토' 역할을 해준 사람을 가차 없이 내치기 때문이다. 이 아이 곁에서 많은 걸 베푼 사람으로선 당혹스러운 일이 아닐 수 없다.

나도 얼마 전 이 아이에게 토사구팽당하는 신세가 되고 말았다. 뭐, 그 정도 일이야 얼마든지 감내할 수 있다. 처음에는 예전처럼 연락을 하지 않는 이 아이에게 무슨 일이 생겼나 걱정되었다. 그러나 얼마 지나지 않아 알게 되었다. 그녀에게 인생의 나침반 역할을 해줄 또 다른 누군가가 생겼다는 걸. 그런데 하루하루 시간이 지나자 슬슬 화가 나기 시작했다. 그동안 내가 이 아이에게 보여준 진심이 무시당하는 것 같은 기분이 들었다. 무엇보다 이 아이가 내 음악을 좋아하고, 나에게 정성을 들인 모든 행동이 결국 자신을 위한 것이었다는 생각이 들어 씁쓸했다.

그렇게 시간이 흘렀다. 그 아이가 나를 잊고 지낸 것처럼 나도 그 아이를 걱정하는 마음이 흐릿해졌다. 그런데 얼마 전, 나는 그 아이에게 서운함 대신 연민의 정을 느끼고 있는 내 자신을 발견하게 되었다. 제 아무리 마당발을 자처해도 사람의 인간관계에는 한계가 있는 법. 서로서로 이어져 있는 이 좁아터진 땅에서 자신이 따를 만한 사람, 자신을 인정해주는 사람을 찾아나서는, 그리고 새로운 사람을 찾으면 그때까지의 관계를 일거에 정리하는 그 아이의 습성이 결국 알려지고 만 것이다. 어느새 그 아이는 '계산기'라는 별명으로 불리고 있었다. 사람을 만나는 데 철저히 계산적인 사람으로 이미지가 굳어지고 만 것이다.

하루의 여행을 정리하고, 차 한 잔을 나누는 우리 세 사람의 대화에 그 아이가 등장했다. 그 아이가 여행에 동참했다면 능숙한 영어 덕분에 우리의 여행이 한결 풍성해졌겠지, 라는 얘기부터 그 아이를 향한 진한 아쉬움까지, 많은 이야기가 오갔다. 이번 여행을 마치고 돌아가면 그 아이에게 전화를 걸어볼까 한다. 우리가 예전에 자주 찾았던 홍대 앞 카페에서 따뜻한 커피 한 잔 하자며 만남을 청할까 한다. 그리고 이렇게 얘기하려 한다. 그 아이만 모르고 있는 몇 가지 이야기를 건네주려 한다. 너는 누구보다 잘난 아이라고, 강한 아이라고, 이젠 네가 누군가의 멘

토가 될 때라고, 인생이란 나 홀로 즐기는 법을 깨달을 때 더욱 아름다운 법이라고 말하려 한다.

자신을 인정하기, 자신을 사랑하기.
모든 결정을 타인에게 의존하는 수동적인 아이, 타인에게 인정받고 싶은 욕구가 강해 타인의 애정을 갈구하는 그 아이에게 필요한 건 바로 이것이 아닐까?

뽀오얀 고양이 따스한 낮의 꿈

빈티지 가게의 레트로 스카프

사랑에 빠진 연인들에겐

달콤쌉쌀한 석류 티 향기

모든 것이 다 일요일 속으로

보물섬을 찾아가던 폭풍의 바다

노란 벽돌길, 에메랄드 성의 모험

잃어버린 별 찾아 바다로 뛰어들던

모든 눈물과 모든 웃음

그 모든 것이

상처투성이 먹구름 눈물 속

맞바람을 타야 높이 나는

삶의 달콤한 패러독스

두려움은 맞서야 사라지는 것

하나도 쓸모없는 일은 없었지

지금 이 순간을 준비하기 위해

투명하기 위해

마음이 조용히 열리면 들어 있는

퍼즐 조각

그것을 너와 이어보면 보이는

천국의 지도

마음의 문이 열리면

고개를 내미는 파랑새

푸른 깃털 하나

너에게로 날아가네

마음속의 문을

수없이 열면, 그곳은…

_ 이상은 'Bliss'

시간이란?

이제 킹스 로드를 벗어날 때이다. 조용조용 여행 일정을 챙기는 영인과 기정이 템즈 강가로 향하는 버스 노선을 기가 막히게도 찾아냈다. 과연 이들이 런던 초행길이란 말인가? 런던에서 제법 살았다는 나의 엉터리 내비게이션은 도무지 진전의 기미가 보이지 않는다. 어찌 됐건 똘똘한 동생들 덕분에 내가 미처 알지 못했던 런던의 풍경을 고즈넉하게 즐길 수 있어 좋다.

템즈 강 근방에 내려 산보를 시작한다. 관공서 분위기를 강하게 풍기는 옛 건물들이 또 한 편의 새로운 동화 속으로 우리를 인도하는 듯하다.

- 여기서 왼쪽으로 돌아가면 바로 템즈 강이야.

지도를 보던 기정이 외쳤다. 그 순간, 길모퉁이를 돌자마자 우리는 약속이나 한 듯 모두들 멈추고 말았다. 그곳에는 마치 거대한 용을 떠오르게 하는 비늘 같은 섬세한 금 장식이 된 시계탑이 서 있었다. 징그럽게 선명한 무늬와 크기에 온몸이 소름이 돋았다. 빅 밴Big Ben이다. 수많은 작은 탑들과 뾰족하고 날카로운 직선들이 보는 이의 간담을 서늘하게 하는 곳, 정체를 알 수 없는 영기靈氣가 느껴지는 곳, 숨이 막힐 듯 아름다운 빅 밴 앞에서 우리는 벌린 입을 다물지 못했다. 강렬한 느낌에 가슴이 움찔거렸다.

올해로 151살이 된 이 세계 최대의 시계탑은 탑 위에서 조명을 켜 의회가 열렸음을 표시하는 것은 물론 정확한 시간을 가리키는 것으로 유명하다. 벨이 만들어내는 웅장하고도 그윽한 소리 역시 유명세를 톡톡히 치르고 있다. 1941년 제2차 세계대전 당시, 독일군으로부터 국회의사당 일부가 폭파당하는 수모 속에서도 빅 밴의 시계는 멈추지 않았다고 한다. 특히 빅 밴 특유의 시간을 알리는 독특한 벨 소리는 영국인들에게 전쟁의 암흑 속에서 홀연히 빛나는 한 줄기 희망의 빛과 같았다.

지금 내 인생에서 빅 밴이 하나쯤 있었으면 좋겠다. 큰 수모에도 아랑곳하지 않고 당당히 그 역할을 했던 빅 밴처럼 나에게도 그런 힘이 있었으면 좋겠다. 나이가 들면서 나를 불안하게 한 건 어쩌면 막연한 내일보다 그런 내일을 견딜 힘이 내게 있는가, 하는 거였다. 아무리 큰 시련이 와도 강한 힘 하나쯤 있으면 견딜 수 있을 것 같다. 음악을 하면서 이런저런 고민이 몰려오면 음악을 처음 하던 그 순간을 떠올린다. 아, 그러고 보니 나에게도 음악 빅 밴이 있구나. 내 음악을 들으며 힘을 주는 사람들, 꿋꿋하게 서서 내 가사와 멜로디에 귀를 기울여주는 고마운 빅 밴 같은 사람들.

빅 밴 앞에 서니 새삼 '시간'이라는 존재가 특별하게 다가왔다. 그리고 괜시리 빅 밴에 딴지를 걸고 싶었다. 현대인의 일상생활에서 '시간'은 어떤 의미를 가질까? 아마 거의 절대적일 것이다. 하지만 내 생각은 다르다. 시간이란 일상의 기계적인 반복과 순환에 불과한지도 모른다. 과거 영국인들이 빅 벤을 만들었던 건 자연의 시간 또는 시간의 자연성을 거역하는 행위였는지 모른다. 생각해보라. 시간이 과연 1년 365일, 하루 24시간, 1시간 60분, 1분 60초로 정확히 나뉜 걸까? 아닐 것이다. 그건 아마도 힘이 있는 자가 그렇지 않은 자를 지배하고, 조종하기 위해 시간을 분절시켰기 때문일 것이다.

어린 시절 방학이 되면 당연한 듯 여겼던 하루 시간표가 생각난다. 그러고 보니 인간은 유치원 때부터 생을 마감하는 시간까지 '인생 시간표'를 만들고, 거기에 의존하며 살아가는 듯하다. 인생 시간표를 잘 지키고 순종하는 것이 성공한 인생이라고 믿는다. 한때 『아침형 인간』이라는 책이 공전의 히트를 친 것도 바로 이 때문일 것이다.

현대인에게 시간이란 과거-현재-미래로 이어지는 물리적인 것이고, 인생이란 그 빈 공간을 채워가는 존재일 뿐이다. 시간이 선(線)이다. 누구나 동일한 시간 속에서 살아간다는 믿음을 갖고 있다. 하지만 과거에는 그렇지 않았다. 시간을 지각하고 이해하는 방식이 지금과는 달랐다. 옛날 사람들은 해와 달의 주기, 낮과 밤의 길이 등 '자연'의 법칙에 순종했다. 오늘날의 시간이 직선이라면, 우리 조상들의 시간은 순환하는 것이었다. 그렇게 돌고 도는 것이었다. 씨를 뿌리고 거둘 때까지 과거 인간의 삶은 자연을 존중해야만 했다. 자연을 사랑할 수밖에 없었다. 시간을 초 단위로 쪼개어 경쟁해야 하는 지금과 달리 그 시절에는 시간과 시간 사이의 여백을 즐길 줄 아는 여유가 배어 있었다. 그렇다고 그들이 불편했을까? 아마도 아니었을 것이다. 결국 인간의 삶이 이처럼 팍팍하게 된 데에는 인간이 기계 시간을 만들고, 초와 분, 시간 등으로 촘촘히 수학적 단위를 기준으로 시간을 재편했기 때문일 것이다.

물론 많은 이들은 인간이 시간을 만들고, 지배하면서 인류의 삶이 풍성해지고 윤택해졌다고 말할 것이다. 시간의 생산성을 기준으로 사람을 평가하는 자본주의로 인해 우리의 삶이 과거 조상들과 비교할 수 없을 정도로 달라졌다고 생각할 것이다. 옳은 말이다. 하지만 언젠가 머리를 쥐어짜며 읽었던 한 인문 교양서는 오늘날 자본주의를 살아가는 현대인들이 시계와 화폐, 속도에 철저히 의존하는 안쓰러운 삶을 살고 있다고 비판하고 있었다. 시계, 화폐, 속도, 그 중심에는 시간이 있었다. 시계로 계산되는 시간, 화폐로 가치가 매겨지는 시간, 속도에 의해 극한화되는 시간이 지금 인간의 삶을 장악하고 있다고 그 책은 적고 있었다. 밑줄을 그어가며 읽던 나는 무릎을 쳤다. 그 책은 이렇게 힘주어 말하고 있었다. 그러니 이제부터 예술가로 살자고, 모든 인간을 균일하게 만드는 시간에 맞서 살자고, 자신만의 시간관을 만들어 살자고…. 이유는 하나. 우리의 몸과 마음은 개개인마다 다르기 때문이다. 내가 남과 다른데, 남과 같은 시간을 기준으로 산다는 것. 그것은 생각만 해도 넌센스가 아닐 수 없다.

내가 남들과 같은 시간을 살면서도 전혀 다른 시간을 살고 있다는 느낌을 받았던 적이 있다. 음악을 하는 동안 나는 가을을 살면서도 여름을 살 필요가 있음을 느꼈고 정말 행복한 순간에도 슬플 필요가 있다고 느꼈다. 가을에 곡을 쓰면서도 여름날 느끼는 그런 느낌이 필요할 때가 있고, 지금 더없이 행복하지만 아픈 사람들을 위로해주기 위해 내가 아파봐야 함을 느낄 때가 있었다. 그게 음악을 하는 나의 역할이라고 생각했다. 그 방법을 찾던 중 남들과 같은 시간은 무의미하다는 것을 알았다. 당시 창문 밖에는 낙엽이 떨어지고 있었다. 달력도 9월이었지만 난 시계와 달력을 되돌려 여름으로 갔다. 푸르른 느낌이 가득한 그곳으로 가 음악을 만들었다. 또 가슴 아픈 사람을 어루만지기 위해 아픈 날들을 떠올려 봤다. 그렇게 남들과 다른 시간을 살 때 난 더 행복했다. 남들은 느끼지 못하는 것을 느끼는 나, 그 속에서 음악을 탄생시키는 나…. 남들과 같은 계절을 살고, 같은 오후 시간을 사는 건 바꿀 수 없지만 내 맘대로 바꾸는 시간은 언제나 날 즐겁게 한다. 무엇하러 남들과 같은 달력을 보고 시계를 보는가.

나는 뿌듯했다. 음악을 시작한 이래 나만의 고유한 삶의 리듬을 만들고자 노력했던 지난 시간이 헛되지 않았다는 위로를 받은 듯했다. 나는 소망한다. 지구의 모든 인간이 자신에게 적합한 시간을 만들어가며 살아가기를. 어떤 이는 빠르게, 또 어떤 이는 느리고 한가하게. 여기에서 중요한 건 빠름이 성공이요, 느림과 한가로움, 여유가 게으름과 나태, 무절제로 여겨져서는 안 된다는 것이다. 그러니 우리 단순히 빅 밴을 배경 삼아 몇 장의 사진을 남기는 것으로 만족하지 말기로 하자. 빅 밴을 보며 시간에 관한 '다른' 생각을 갖기로 하자. 자신만의 시간을 창조해보자.

갑자기 시계가 녹아 흐르고, 세상이 구부러진 달리의 그림이 생각난다.

꿈

어린 시절 나는 참 꿈 많은 아이였다. 하지만 세상을 알고난 지금은 좀 달라졌다. 어렸을 때에는 열심히 노력하면 꿈을 이룰 수 있다고 믿었다. 그런데 세상을 살아보니 아무리 봐도 세상은 너무 불공평하고 불합리한 일들이 많은 것 같다. 겉으로는 그런 게 없는 것처럼 위장하지만 실제로는 권위를 내세우는 모습을 너무도 많이 보아왔다. 이런 불합리와 차별의 벽 앞에서 나는 깨달았다. 어차피 현실이 이렇다면 전략을 세우자, 전략이 없이는 그 벽을 깰 수도, 내 꿈을 이룰 수도 없다는 걸 알았다. 세상은 무섭다. 꿈만 꾸고 열심히 노력한다고 해서 되는 게 아니다. 꿈에 대한 계획을 제대로 세우고 실제로 이룰 만한 꿈인지 자신의 꿈을 세련되게 만들어야 한다. 혹시 자신의 꿈이 그저 막연한 건 아닌지 냉철하게 판단해야 한다. 자신이 최선을 다했을 때 실현할 수 있는 꿈인지 신중히 고려해야 한다. 그렇게 만들어진 꿈을 갖고, 태도는 긍정적으로, 전략적으로 실천해야 한다.

나는 지금도 외국에서 뭔가를 하고 싶은 생각이 강하다. 바깥으로 나가고 싶은 욕망이 간절하다. 일본에서도 내가 원하는 음악을 이룬 적이 있어 두렵지 않다. 하지만 일본도 한국과 같은 아시아이다. 일본을 넘어 선진국으로 불리는 곳에서 내 음악을 실현해보고 싶은 열망이 있다. 베를린과 스페인, 런던, 미국 등을 여행하는 것도 단순히 관광이나 휴식을 위해서가 아니라 그곳의 문화적 토양을 몸소 느끼기 위함이다. 물론 나는 우리가 선진국이라 부르는 나라에서 인종 차별의 벽을 확실히 느끼고 있다. 그런데도 이상하게 포기가 되지 않는다. 그것을 어떻게 헤쳐 나갈 것인지 자꾸 고민하게 된다. 다행인 건 최근 들어 그 고민의 결과가 손에 잡힐 듯 만져진다는 것이다. 그건 바로 한국적이고 동양적인 감수성으로 그들의 심장부에 다가가는 것이다. 한국적이고 동양적인 것은 서구인들이 도저히 따라올 수 없는 것이다. 이것이 바로 내 꿈을 이루기 위한 이상은의 전략이다.

대중에게 내 음악을 선보인 지 어느덧 20여 년. 나는 아직도 내게 꿈이 있다는 사실에 스스로 대견해한다. 그것만으로도 행복하다. 한국적이고 동양적인 것, 그리고 지금은 모르지만 내 노력의 결과로 나타나게 될 이상은의 경쟁력으로 10년 정도 문을 두드린다면 그토록 견고해 보이는 서구 선진국 문화 장벽에 구멍을 낼 수 있을 것이다. 누가 그랬던가. 몽상은 모든 예술 창조의 전제 조건이라고. 예술 하는 사람은 어떤 걸 차지하겠다는 욕심에 앞서, 그 존재 이유만으로도 꿈을 꾼다고. 만약 그 말이 사실이라면 나는 영원히 꿈꾸는 자로 살아갈 것이다.

이상은은 꿈꾸는 사람이다.
꿈꾸는 예술가이다.

준비된 여행자

나에게 '기정'이라는 동생은 고마움과 미안함이 한데 섞인 존재로 다가온다. 워낙 공부를 잘했던 친구여서일까. 기정은 런던이라는 도시를 마음껏 즐기고 배우는 눈치다. 그녀가 서울에서 미리 준비해온 갖가지 여행 정보가 우리의 런던 여행에 큰 빛을 발하고 있다.

기정은 남들이 알아주는 이른바 명문대를 나왔다. 이런 그녀를 내가 척박한 음악계로 들어오라고 꼬드겼다. 내 음악을 사랑해주는, 한국의 인디 음악계를 아끼는 그녀에게 나는 많은 신세를 졌다. 그녀가 곁에 있어 든든했다. 기정의 지난 10년은 한국의 인디 음악계를 위해 헌신한 시간이었다. 하지만 그녀에게 남은 건 같은 학교를 나와 좋은 직장에 다니는 친구들과의 현격한 연봉 차이였다. 그녀를 음악이라는 세계로 불러들인 나는 늘 그게 미안했다. 그럴 때마다 기정은 오히려 나를 위로했다. 자신이 좋아하는 일을 하며 산다는 기쁨이 얼마나 큰데 그런 걱정을 하느냐고 내 어깨를 툭툭 두드리곤 했다. 어떤 직장에 가서 어떤 일을 해도 이런 시련쯤은 있을 거라면서. 어차피 힘들 거라면 차라리 내가 좋아하는 일을 하며 힘든 게 더 낫다는 말도 했다. 어떤 일을 해도 힘들고 고되다면 내 색깔과 맞는 아픔, 내 온도와 맞는 시련을 택하고 싶다고 했다.

이런 기정에게 이번 런던 여행은 매우 큰 의미로 다가오는 듯하다. 기정은 이번 여행에서 우리와는 비교할 수 없을 정도로 발전한 런던의 음악

산업을 온몸으로 흡입하고 싶다고 말한다. 디자인에도 유난히 관심이 많은 그녀에게 런던 구석구석에 숨어 있는 최첨단 디자인의 흔적은 살아 있는 공부나 다름없다. 실제로 그녀는 런던의 여행 명소보다 런던의 음악, 런던의 디자인 등을 공부하면서 이번 여행을 준비했다. 이런 그녀에게 여행이란 눈으로 보는 게 아니라 머리로 보고 가슴으로 느끼는 것이다.

준비된 여행자. 이제부터 기정의 별명은 바로 이것이다.

뚝 뚝 뚝 뚝
떨어지는 눈물방울
더 더 더 더
걸을 수 없을 것 같은 느낌

무엇인가 새로운 것이 필요한 거야
전화와 컴퓨터, 구두도 아닌
나 자신의 변화가

부드럽지 않으면 새로워질 수 없지
그래서 미래와 부딪혀 부서져도 좋아
시간의 지평선과 유토피아 판타지
파란 달과 크리스탈의 진공까지
Go forward!

나 나 나 나
나에게 필요한 건
더 더 더 더
걷기를 포기하지 않는 것

모순과 가능성의 혼돈
색색깔 나비들처럼
마음의 공간을
날아다니는 카오스를 따라가

완벽할 필요 없어

선을 넘어서 색칠해봐

상상은 빈틈에서만

자라나는 식물

오늘은 좋아 보여도

내일은 달라 보여

실패 없이는 새로운 것을 배울 수가 없어

Go forward!

아무리 힘이 든다 해도

아무리 길이 멀다 해도

다시 또 시작하는 것

_ 이상은 'Positiva'

템즈 강가에 자리를 잡고 앉았다. 어느새 해가 런던 밖으로 도망쳐 서로의 얼굴을 분간하기도 힘들게 되었다. 입장료가 너무 후덜덜해 눈도장만 찍고 돌아온 런던 아이의 커다란 동그라미가 분홍빛으로 반짝이고 있다. 경쾌하고 상큼하다. 멀리서 바라보는 것만으로도 설렘과 즐거움을 안겨준다는 점에서 런던 아이는 성공작이다.

서울에서 런던 여행을 다짐한 나와 기정, 영인. 그리고 베를린에서 공부하다 우리를 보겠다고 단숨에 날아온 정화. 우리 네 사람을 공통으로 정의할 수 있는 단어가 있다면 그건 바로 '꿈'일 것이다. 꿈을 향해 걸어가는 길이 너무나 힘겹고 고통스러웠던 시절, 그래서 당장이라도 포기하고 싶어지던 그때 우리 네 사람은 함께했다. 서로를 의지했다. 그렇게 이겨나갔다. 물론 그렇다고 우리가 꿈을 이룬 건 아니다. 하지만 분명한 건 우리는 지금 그 꿈을 향해 한 발 한 발 내딛고 있다는 것이다. 그것도 나 혼자가 아니라 어깨동무를 할 수 있는 이들과 함께. 그래서일까. 침침한 어둠에 익숙해져 서로의 실루엣을 확인할 수 있는 지금 우리는 아무런 말을 하지 않아도 같은 생각을 하고 있는 것 같다. 괜히 가슴이 뭉클해진다. 그래, 동생들아. 우리 이 정도면 열심히 살아왔어.

어둠 속에서 빅 벤의 오래된 듯한, 무거우면서도 깊은 종소리가 울리기 시작한다. 까만 강물 위에 부드러운 결을 만들며 흩어지는 듯한 소리의 향연. 런던의 고즈넉한 저녁, 템즈 강, 빅 밴의 울림, 같은 벤치, 그리고 우리 네 사람…. 믿어지지 않는다. 아무도 말문을 열지 않는다. 아무도 자리에서 일어서려 하지 않는다. 이런 순간이 그렇게 쉽사리 오는 게 아니라는 걸, 우리 네 사람은 잘 알고 있다.

지금 그대로, 그냥 이대로가 행복한 시간.

끝

음악에 끝이 있을까?

세상을 여행하다 보면 '끝'이라는 단어 혹은 개념을 살갗으로 느끼게 된다. 지금 내 눈에 보이는 세상 밖, 그 끝에는 무엇이 있을까. 아직 내가 가닿지 않은, 심지어 인식의 범주를 넘어서는 세상 밖, 그 끝에는 대체 무엇이 존재하고 있을까를 고민하게 된다. 그것은 고통스러운 일이다. 나를 살찌우기 위해, 내 인식의 지평을 넓히기 위해, 내 감각을 고양시키기 위해 선택한 여행이 '끝'이라는 물리적인 한계에 부딪힌 순간 고통으로 변환되는 것이다.

음악을 하다가도 그런 때가 있다. 막다른 곳에 다다른 듯한 느낌. 처음에는 그게 고통으로 느껴졌다. 내 힘으로 도저히 풀 수 없는 과제를 받은 듯한 기분이었다. 그런데 어느 순간, 음악이 끝나는 지점까지 가보고 싶다는 욕망이 들었다. 세상이 그것을 가리켜 실패라는 낙인을 찍을지언정 끝에 도달했다는 느낌을 소유한 이상 세상이 줄 수 없는 포만감을 가질 수 있을 것만 같았다.

비록 그 끝이 무의미하고 허무한 종말로 다가올지라도, 아니 지난한 시간을 들여도 도저히 다다를 수 없는 곳이라 하더라도, 음악을 계속 하다가 하고 싶은 음악을 하지 못하는 상황에 도달하게 되더라도 끝을 끝이라 여기지 않고 한 발 한 발 걸어나간 내 자신에게 박수를 보낼 수 있을 것만 같았다.

이처럼 '끝end'이란 우리에게 삶의 '목적'을 안겨준다. 언어란 이처럼 오묘하다.

· end
1. (시간, 사건, 활동, 이야기의) 끝
2. (장소, 물건의 중심부에서 가장 먼) 끝
3. (계속되던 상황의 종료) 끝, 종말, 종료
4. 목적, 목표

여행자, 토박이, 그리고 그 '사이'

나는 항상 여행지에서 '사람'을 만나는 걸 즐긴다.
내가 아는 지인 중 여행지에 살고 있는 사람을 불러내는 것이다. 이유는 하나. 여행자가 아무리 감각의 더듬이를 세워도 도무지 알 수 없는 진짜 여행지를 찾을 수 있는 최선의 방법이기 때문이다. 그런 점에서 여행지에서 적지 않은 시간을 공부하며 살고 있는 유학생들은 나 같은 '한시적 체류자'에게 너무도 소중한 존재이다. 그들은 여행자의 DNA와 토박이의 DNA를 모두 보유한 흔치 않은 유전자를 가졌다. 그들은 도시의 토박이들이 알 수 없는 낯선 도시를 찾았을 때의 생경함과 심장을 달뜨게 하는 흥분을 기억한다. 동시에 그 누구보다 빠른 학습의 결과로 토박이들이 누리는 '일상으로의 초대'가 주는 기쁨도 알고 있다. 바로 오늘, 런던에 살고 있는 친한 동생 '사가'(이 친구 이름이다)와의 약속이 유난히 기다려지는 이유는 바로 여기에 있다.

여행지에서 지인을 만나는 시점은 그 여행이 중간 지점을 넘어서는 순간이 좋다. 처음에는 모든 것이 신기했는데, 그래서 마구마구 행복했는데, 불과 며칠 만에 시큰둥해지는 인간의 간사함이 발동하는 때가 적기이다. 혹시 내가 여행지의 겉모습만 훑고 지나는 건 아닌가, 라는 불안함이 엄습하는 때도 좋다. 익숙함이라는 단어가 좋지만 여행에서는 가끔 신선함을 반감시키는 요소가 되기도 한다. 사실 새로운 여행지에 가면 모든 것이 다 신기하고 새로운 것도 잠시, 금세 별반 다를 것 없는 순간이 온다. 좀 심할 땐 한국에 있다고 착각할 정도로 쇼핑을 하고, 장을 보고 이야기를 한다. 익숙해진다는 건 낯선 상황에 대한 두려움을 없애 주기에 좋기도 하지만 이럴 때엔 설렘이 사라져 여행을 끝내고 싶어지 기도 한다. 나를 지나는 외국인, 내 볼을 스치는 신선한 바람까지 신기 했던 여행 첫 날을 떠올리면 나는 지금 너무나 조용하게 지내고 있다.

이럴 땐 누군가를 만나야 한다. 지루해지려는 여행에 다시 불을 붙여 줄, 내가 지금 한국이 아닌 새로운 곳에 와 있음을 말해줄 누군가. 새 로운 사람이 아니어도 좋다. 나에게 지금 지인이 더 필요한 이유는 달라 진 나를 만나기 위해서다. 처음 보는 사람은 내가 달라진 것을 느끼지 못하니까. 지인을 통해 한국에서와는 다른 나를 만날 수 있는 것이다.

약속 장소는 소호. 내가 런던에 살았을 때부터 약속 장소로 즐겨 사용했 던 곳이다. 어떤 이는 '게이들의 거리'라 다가가기 힘들지 않느냐고 하 지만 그건 괜한 선입견에 불과하다. 그럴 때마다 나는 이렇게 말한다.

- 밤이든 낮이든 한번만 나와 보세요. 런던에서 가장 털털하고 마음이 놓이는 장소라는 걸 금세 알게 될 테니까요.

내가 소호를 좋아하는 건 동성애자들이 런던의 문화계를 이끌어가는 모습을 두 눈으로 생생히 확인할 수 있기 때문이다. 그건 런던의 노른자로 꼽히는 지역에 소호가 떡 하니 버티고 있는 것만 보아도 알 수 있다. 당신이 여자 여행자여도 소호는 얼마든지 가볼 만하다. 게이 바에만 가지 않는다면 늦은 밤 이곳을 찾아도 전혀 위험하지 않다. 나 역시 이곳을 찾아 동성애자들이 만들어 놓은 갖가지 문화적 산물을 구경하다가 소호 근방에 자리한 차이나타운에 들려 중국 음식을 먹곤 했다. 살아 있다는 것만으로도 외로웠던 그 시간, 소호 특유의 개방적이고 즐거운 분위기가 나의 끔찍했던 8년 전의 고독을 나긋나긋하게 녹여주었던 기억이 새록새록 생각난다. 그 시간으로 인해 나는 '다름'과 '차이'의 미학을 알 수 있었다. 내 눈에 보이는 것을 의심하고, 내 눈에 보이지 않는 것들의 가치를 탐구하고 음미하는 여유를 갖게 되었다. 덕분에 내 마음의 키도 훌쩍 자랄 수 있었다.

자신 혹은 집단이라는 이름이 정한 삶의 공식과 조금만 달라도 폭력의 눈으로 바라보는 우리에게 런던의 소호는 많은 것을 생각하게 한다. 이분법적 삶의 논리에 끼어들지 못해 희생된 삶의 또 다른 가치가 우리 곁에는 지금도 너무나 많다는 것을 깨닫게 한다.

다름과 차이의 미학, 런던의 소호는, 그래서 눈이 부시게 아름답다.

런던 고수

드디어 후배 사가가 나타났다.

이런…. 그 순간 알았다. 내가 그녀의 얼굴을 기억하지 못하고 있었다는 걸. 고백하건대 그녀가 내 앞에 나타나기 전까지 난 그녀의 얼굴을 까맣게 잊고 있었다. 그녀가 이곳에 유학 온 지 어느덧 6년. 내 앞에서 반갑게 생글생글 웃는 모습을 보여주지 않았다면 그녀와 나를 이어주던 기억의 회로가 영원히 끊겼을지도 모른다. 역시 이런 만남이 필요했다. 그녀를 보는 순간 다시 나를 보았다. 누군가를 그리워하고 있다는 것을. 그렇게 표정으로 기억한 그녀의 모습은 참 예뻤다. 생글생글한 웃음이 아니었다면 내가 그녀를 기억할 수 없었겠지. 6년이라는 세월에 나의 외모, 몸, 분위기, 향기까지 모두 변했으니까. 그렇게 내가 여행에 와 있다는 것을 일깨워준 그녀에게 배운 것이 하나 있다. 표정을 남기는 것. 나 또한 누군가에게 표정을 남기고 런던을 떠나야겠다고 다짐했다. 이곳에서 나와 마주친 누군가가 한국에 와서 나를 찾을 때 내 표정을 기억할 수 있도록. 나 이상은을 기억하진 못하지만 내 표정을 기억해주는 사람이 있을 거라 믿게 되었다.

후배는 우리를 프랑스식 빵 가게로 인도했다. 파란 차양에 프랑스어가 꼬불꼬불 적혀 있다. 언제고 꼭 가보고 싶은 인도 카레집이 바로 옆에 붙어 있다. 동생은 그야말로 '런던 고수'였다. 골목골목을 찾아가는 솜씨가 가히 예술이다.

- 이곳이 런던 유학생들에게 유명한 빵집이에요. 1층은 케이크와 과자를 팔고, 2층은 옹기종기 모여 있는 방에서 차를 마실 수 있는 곳이죠. 어때요? 분위기가 '유니크' 하지 않아요?

그랬다. 분위기가 묘했다. 마치 물 빠진 청바지 뒷주머니에 도끼 빗을 꽂은, 긴 머리의 디제이가 음악을 들려주는 분식집에 온 것 같았다. 교복 입은 여학생들의 재잘거림이 들려올 것만 같았다. 좁은 계단을 올라 2층에 올라가니, 이건 흡사 '도라지' 담배가 어울리는 우리네 다방에 온 듯했다. 그래, 한국스러웠다.

- 영국식 카페는 세련된, 그래서 그저 그런 커피 전문점 같잖아요. 런던에서 프랑스식 정통 카페를 찾는 기분. 무엇보다 이곳은 한국식 카페와도 비슷하잖아요. 우리의 80년대식 다방 말이에요.

후배의 말이다. 고마웠다. 우리와 만나기로 약속을 정해 놓고, 어디를 가야할지 고심한 후배의 얼굴이 떠올랐다. 그건 이 친구가 '사람' 이라는 존재를 세상에서 가장 아낀다는 증거이기도 하다. 아래층에서 두 개의 케이크를 고르고, 사람 수에 맞춰 커피를 주문했다. 런던의 프랑스식, 아니 한국식 다방에 앉은 다섯 명의 한국 처자들. 어릴 때부터 늘 웃는 얼굴로 주변을 환하게 밝혀주던 후배 사가도 이젠 제법 어른 티가 난다. 런던에서 일을 하며 유학 생활을 하는 그녀에게 '적응'이란 단어는 이제 가물가물해진 것 같다.

- 힘든 일은 없니?
- 자유롭게 잘 지내고 있어요. 물론 고민은 있죠. 이곳에서 디자인을 공부했는데, 막상 졸업하고 취업하려니 어려움이 많더라고요. 아, 한국인이기 때문에 불이익을 당한 건 아니에요.
- 남친도 영국인이라며? 누구와도 쉽게 어울리고, 쉽게 적응하는 네가 부러워. 게다가 넌 아직 20대잖니. 참, 지금 일하는 곳이 어디라고?
- '리버티'요.

순간 기정의 입에서 작은 비명이 터져 나왔다. 정말? 와! 너무 멋져! 라는 말이 줄줄이 새어 나왔다.

- 놀랄 일이 아닌데···. 이곳에서 한국 유학생들에 대한 평가가 상당히 좋아요. 기본적으로 성실하고, 예의바르고 믿음직스러워서 사랑받는 존재죠.

미처 생각하지 못한 대답이었다. 사가도 한국에서 일하듯 성실하게 살다보니 입사 2년 만에 매니저 자리에 올랐단다. 대단하다! 분명한 건 그녀는 리버티의 매니저라는 점. 평행선으로 그녀를 바라보던 우리의 시선이 점점 아래에서 위로 우러러보는 순간이었다. 진심이다. 우리 모두 그녀를 진심으로 응원하고 싶었다. 후배 사가는 헤어지는 순간까지 우리를 따스하고 훈훈하게 만들고 말았다. 런던에서 점심으로 먹은 한국식 설렁탕!

그래, 사가야. 넌 진정한 '런던 고수'야.

트라팔가 광장

오늘은 바쁜 날이다.

오전 사가와의 약속에 이어 늦은 오후에는 트라팔가 광장에서 또 다른 사람과의 약속이 있다. 이쯤 되니 마치 런던에서 일상이라는 녀석과 벗 삼아 사는 토박이 같다. 오후에 만나기로 한 사람은 내가 잘 모르는 친구이다. 영인이 홍대 앞에서 운영하는 카페 무대륙의 단골손님이라는 것, 그리고 미술하는 친구라는 게 내가 아는 전부이다.

기정의 제안대로 약속 시간에 앞서 여유 있게 트라팔가 광장에 나가기로 했다. 광장에서의 한적한 시간을 놓치고 싶지 않았다. 트라팔가 광장을 모르는 이가 있을까. 분수대, 커다란 사자상, 높은 탑이 있는 유명한 광장. 초등학교 시절 나를 사로잡았던 『캔디 캔디』라는 만화가 생각난다. 고아인 캔디가 부잣집 양녀가 되어 처음으로 찾은 런던 풍경!

한국이나 영국이나 이런 커다란 광장에서 노니는 사람들은 역시 10대가 압도적으로 많다. 우리 10대들이 광장이나 공원에서 농구 등으로 땀을 뻘뻘 흘리듯이, 이곳 10대들도 사자 위에 오르거나, 높은 망루에서 뛰어내리느라 여념이 없다. 이해가 간다. 돈 안 들이고 인생에서 가장 혈기왕성한 체력을 과시할 수 있는 위험한 놀이. 엇, 그런데 가만히 지켜보다가 한번 따라하고 싶은 충동이 드는 평균 35세의 우리는 뭐지?

사람의 나이대를 표현할 때 자주 쓰는 형용사가 있다. 10대는 '무모함'을, 20대는 '열정'을, 그리고 30대를 표현할 땐 어딘가 모르게 '자유로운'…. 그렇게 무언가를 표현하기에 형용사는 제격이다. 런던에서도 난 사람을 만날 때마다 형용사를 붙였다. 따뜻한 사람, 열정적인 사람, 친절한 사람, 그리고 꽃향기가 나는 사람…. 신나게 노는 10대를 보며 무모하지만 참 앙증맞다고 생각했다.

신기한 건 국가는 다르지만 한국의 10대나 런던의 10대나 형용사는 같다는 것. 런던의 10대도, 한국의 10대도 열정이 넘치고 앙증맞은 건 똑같았다. 생각해보면 같은 형용사에서 다른 모습을 발견할 때가 더 매력 있는 것 같다. '귀엽다'는 형용사는 같지만 각각의 사람마다 그 귀여움이 다른 것처럼 런던의 10대를 만나니 한국의 10대와는 조금 다른 느낌이다. 여행에서 새삼 또 느껴가는 것들. 국가를 뛰어넘어 같은 형용사를 쓰면서도 전혀 다르게, 다른 모습으로 살아가는 사람들. 여행의 즐거움은 그런 것이다. 같은 단어에 숨은 많고 많은 가치를 찾아내는 것.

이렇게 또 혼자 몽상에 빠져 있는데 기정이 먼저 일어섰다. 이어 정화, 영인, 그리고 내가 바지에 묻은 흙을 털고 쭈뼛쭈뼛 일어났다. 기정이 먼저 마루에 올랐다. 이어 정화가 올랐다. 영인도 의외로 쉽게 올랐다. 그리고 내가 엉거주춤한 자세로 마루에 올랐다. 이런, 사고가 났다. 그만 내가 중간에 걸리고 말았다. 운동 신경이 둔한 나에게 망루는 너무 높았던 것. 제일 먼저 망루에 오른 기정과 정화, 거의 정상 등극을 눈앞에 두고 있던 정인이 걱정스러운 눈으로 내려다본다. 괜찮다는 눈빛으로 그들을 먼저 올려보냈다. 난 언니니까…. 하지만 언니도 하늘이 노랗게 보인다는 걸 알았다. 간신히 망루에 올랐다. 거의 북한산 정상에 오른 듯한 기분. 하지만 문제는 지금부터다. 내려갈 생각을 하니 걱정이 태산이다.

망루를 힘겹게 - 나만 - 오르내렸는 데도 약속 시간까지 시간이 제법 남아 있다. 근처 카페에 들어가기로 했다. 내일 이른 아침 베를린에 돌아가야 하는 정화와 조금이라도 대화를 나누고 싶었다. 우리도 언젠가 이곳을 떠나는 사람인지라 그녀를 보낸다는 말이 어딘지 애매하지만, 이제 헤어지면 한참을 못 본다는 생각을 하니 마음이 심란하다. 내일 해가 뜨면 정화는 영국이라는 섬에 잠시 머물고 있는 커다란 함선에서 먼저 내려야 한다.

런던은 하루하루가 날씨가 다르다. 히드로 공항에 도착할 때에 비하면 오늘은 너무도 차갑다. 해 질 녘 우리를 반기는 건 짙은 쪽빛 하늘과 거센 바람뿐이다. 트라팔가 광장에 함께 있다는 이유만으로 지나는 이의 옷깃을 붙잡고 싶을 정도다.

스산하다.
런던 사람들이 유난히 무뚝뚝하고 차갑게 보이는 건 순전히 이 날씨 탓이리라.

런던의 바람은 그야말로 직선으로 내리 꽂히는 듯하다. 춥고, 강하고, 조금의 자비심도 허용하지 않는다. 영인은 벌써 콜록콜록 기침을 하며, 자신의 몸이 바이러스에 저당 잡혀 있음을 숨기지 않는다. 하지만 다행인 건 아직까지는 견딜만하다는 것. 사계절이 하루에 다 들어 있는 '런던표 종합선물세트' 같은 날씨는 아직 우리를 찾지 않았으니 말이다. 새삼 '온기' 라는 단어가 유난히 따뜻하게 느껴진다. 우리 넷이 꼬옥 붙어 앉아 커피 잔의 온기를 아껴가며 두런두런 대화를 나누는 이 시간. 가방 속에 들어 있는 옷까지 모두 꺼내 입고 오들오들 떨고 있지만 마음만은 따스한 이 시간. 그래, 얘들아. 세상은 정말 추운 곳이잖아. 우리 커피가 되었든, 친구의 온기가 되었든 사랑의 불씨가 꺼지는 그 순간까지 힘을 내자꾸나.

트라팔가 광장을 무대로 기념사진을 찍고 있는데, 영인의 미술하는 친구가 광장에 나타났다. 엇, 그런데 혼자가 아니다. 한 무더기의 영국인들을 동행했다. 때마침 오늘이 그 친구의 생일이라, 미리 영국 친구들과 약속이 잡혀 있었다며 우리도 함께 가자는 것이다. 예상하지 못한 스케줄. 망설여진다. 하지만 동생들의 얼굴에 전혀 거리낌이 없다. 그래, 그럼 가는 거야!

- 자, 이제 곧 펼쳐질 구름 메시지 쇼를 기대하세요!

'생일 아가씨'가 대뜸 큰 소리로 외친다. 구름 메시지? 아니나 다를까. 컴컴한 광장에 아까보다 훨씬 더 많은 사람들이 모여 있다. 카메라를 꺼내들고 기다리는 걸 보아하니 뭔가 근사한 게 있나 보다. 잠시 후 키에서 쌀이 움직이듯이 쏴~ 하는 소리가 들리더니 하얀 구름이 공기를 가득 채운다. 드라이아이스가 만들어낸 구름 속 저편에서 조명이 글씨를 써내려 간다. 기정이 바닥에 떨어진 플라이어 한 장을 건네준다. 내용인즉슨, 휴대전화로 문자 메시지를 보내면 이렇게 모두가 보는 앞에서 그 메시지를 만들어 보여준다는 것. 트라팔가 광장이 거대한 콘서트장으로 변한 듯하다. 뭉게구름 같은 연기 속에 피어난 글씨가 가까이 오다가 금세 멀어진다. 몇 겹의 빛을 머금은 구름이 만드는 메시지는 주로 '누구야 사랑해', '누구야 생일 축하해'이다. 한국에도 이런 곳들이 있겠지. 친구가 이런 말을 한 적이 있다. 사랑하는 사람을 위해 이벤트를 준비 중인데 전광판에 크게 마음을 써서 표현하고 싶다고. 이유를 물으니 그냥 대담한 자신이 되고 싶다고 했다. 편지로, 문자 메시지로 마음을 표현할 수도 있을 텐데 전광판을 택한 그. 둘만 알고 있기엔 조금 아쉬운 사랑, 둘만 알고 있기엔 더 아쉬운 고백…. 그렇게 런던에서도 그런 마음은 두둥실 하늘에 떠다니고 있었다. 어디에서나 이렇게 하늘에 떠다니는 마음을 보면 참 즐겁다. 그때 축하 메시지가 하나 보인다. 아, 생일 아가씨도 친구들에게 생일 축하 메시지를 받고 있었다. 한 편의 근사한 설치미술을 본 듯한 기분에 괜히 나까지 축복 받은 것 같다. 평범한 메시지 속에서 사랑과 행복의 의미를 되새겨주는 흡인력 강한 이벤트가 트라팔가 광장에서의 추억을 영원히 잊지 못하게 해줄 것 같다.

처음 만나 생일 파티에 따라가는 것이 과연 괜찮은 일일까 싶지만 여행자라는 한시적인 신분이 그것을 가능케 한다. 곁에서 살갑게 맞아주는 영국 사람들도 고맙다. 미술하는 친구와 소호의 영화관 앞을 지나면서 런던 필름 페스티벌에 대한 이야기를 나누었다. 뒤에서 웃으며 따라오는 영국 사람들이 우리 일행과 친근하게 대화를 나눈다. 나의 편견이 좀 심했나보다. 엇, 영국인이 이렇게 프렌들리했던가? 무엇이 사실인지 갑자기 헷갈린다. 내 기억에 영국 사람들은 분명히 선을 딱딱 긋는 사람들이었는데…. 그런데 소호의 프랑스식 레스토랑에서 함께 저녁을 먹는 순간 의문이 풀리고 말았다. 미술하는 생일 아가씨가 음식을 영국 사람들과 한국식으로 나누어 먹는 모습이 궁금해서 물어보니 10년 가까이 함께 지내면서 뭔가가 답답해 아예 한국식을 가르쳐 버렸단다. 그래서 개인주의적인 영국 친구들도 한국식으로 나누어 먹거나 정이 넘치게 서로에게 깊이 다가가는 한국 스타일에 물든 것이다. 한국 스타일을 맛보고나니 아주 좋아하더라나 어쨌다나.

런던 클럽, 페브릭 라이브

구름 메시지의 힘은 대단했다.
서로를 대면한 지 불과 몇 십분 밖에 되지 않았는데 스르르 경계심이 풀렸다. 역시 사람은 대화를 섞어야 한다. 생일 아가씨가 데리고 온 영국 친구들도 한결같이 순박하다. 내 앞에 앉은 검은 머리의 영국 아가씨는 내가 '뮤지션'이라는 설명을 듣더니 '요즘 음악'에 대해 논한다. 기정과 영인도 저마다 영국 친구들과 이야기를 나눈다.

검은 머리 아가씨는 우리가 이전에 들었던 음악이 훨씬 서정적이고 감동적이었다고 단번에 정리한다. 의견 일치. 검은 머리는 자연산이었다. 아랍계 영국인인 그녀는 어쩔 수 없는 문화적 차이 때문에 힘들다고 고백한다. 그렇게 생전 처음으로 만난 우리들은 몇 잔의 와인과 음식을 나누어 먹으며 즐거운 시간을 보냈다. 그 순간, 누군가가 외쳤다.

- 한국에서 온 여행자들이여! 런던의 주말, 괜찮은 클럽에라도 가야 하지 않겠소?

그럼, 당연하지. 설마 우리가 잊고 있었을까봐. 나와 음악에 관해 열띤 대화를 나누던 그녀에게 근사한 클럽을 물으니 대뜸 '페브릭 라이브 febric live'를 추천해주며, 지도까지 그려준다. 친절한 아가씨.

오후 내내 기침하던 영인은 먼저 숙소로 돌아가고, 남은 세 사람이 물어 물어 클럽이 많기로 소문난 파링던 역에 도착했다. 역 근처에 페브릭 라이브가 있었다. 이곳은 방이 세 개라 원하는 음악을 골라 들을 수 있다. 젊은 청춘들로 플로어는 발 디딜 틈이 없다. 그 위로 더브 계열의 음악이 쿵쿵거린다. 레게음악에 맞춰 부채를 흔들던, 카리브해에서 방금 온 듯한 여자 보컬리스트가 디제이의 턴테이블에 맞춰 노래한다. 런던답게 잘한다. 속된 말로 레벨이 있다. 하지만 아쉽지만 마냥 있을 순 없다. 우리는 여행자이고, 무엇보다 아픈 영인을 숙소에 혼자 둘 수 없다.

전화위복이란 이럴 때 쓰는 건가 보다. 클럽 밖 풍경이 너무나 아름답다. 금요일 밤의 런던은 낮의 얼굴과 사뭇 달랐다. 버스에서 바라본 런던의 풍경 하나하나를 그냥 지나치기 힘들 정도다. 거리는 금요일 밤을 즐기기 위해 어디론가 길을 떠나는 이들로 어지럽다. 그런데 난잡하지 않다. 생명력이 있다. 돌아가는 길에 오늘을 정리해본다. 잘 익은 사과를 아작아작 아주 알뜰하게, 남김없이 먹은 듯한 기분이다. 감사하다. 어제까지 서먹서먹하던 런던이 오늘은 10년 이상 우정을 나누어온 친구처럼 다가온다.

다시 런던을 찾으며, 8년 후 찾은 런던이 나를 반겨주기를 바라고 또 바랐다. 그 바람이 하나 둘 이루어지고 있는 지금 이 순간이 너무 행복하다. 내가 먼저 손을 내밀고 내가 먼저 행복을 찾아가고 있는 모습이 대견하다. 8년 전 외롭고 외롭던 크리스마스를 떠올려 본다. 그때는 왜 그렇게 외로웠는지. 그랬던 내게 다시 팔을 벌려 안아주고 있는 런던이 고맙다. 어쩌면 내가 변해서일 수도 있지. 그때보다 더 자란 나, 그때보다 더 웃을 수 있는 나이기에. 오늘 하루의 런던은 내게 단짝처럼 느껴진다. 사소한 풍경, 지나치는 사람 하나하나에 의미를 두기 시작하면서부터 내게 런던은 다시 즐거운 크리스마스를 기대하게 한다.

런던이 우리를 두 팔 벌려 안아주기 시작했다.

뒤돌아보면
지나온 길이 녹아 사라지고 있어
얼었던 눈물이
터져 나올지도 모르니까

저기를 봐
시간은 불꽃놀이
텅 빈 저 미래는
무중력의 무한한 하늘

첫걸음이 만드는
미래는 지금
모든 순간은 늘 처음이지
별꽃이 피듯
모든 날은 새로운 날들
어제와 다른
모든 사람들에게 똑같이

후회할 필요 없어
시간은 순간순간 사라지는 것
또한 새롭게 피어나지
무지개의 빛 가루처럼

네 모습을 봐
물과 하늘의 경계를 향해
마음의 산 정상을 향해
날아가고 있어
빛을 향해

길을 만드는 것은
첫걸음
모든 순간은 늘 처음이지
샘물이 솟듯
모든 날은 새로운 날들
기적처럼
모든 사람들에게 똑같이

첫걸음이 만드는
미래는 지금
모든 순간은 늘 처음이지
별꽃이 피듯
모든 날은 새로운 날들
어제와 다른

시간 속을
헤엄치는
하얀 물고기의 맑은 날개
빛나는 스타 더스트

어제는 오늘과
오늘은 내일과 다른 것

시간이 오는
우주의 저편

_ 이상은 'Stardust'

track 03
언젠가는

대중에게 내 음악을 선보인 지 어느덧 20여 년. 나는 아직도 내게 꿈이 있다는 사실에 스스로 대견해한다. 그것만으로도 행복하다. 한국적이고 동양적인 것, 그리고 지금은 모르지만 내 노력의 결과로 나타나게 될 이상은의 경쟁력으로 10년 정도 문을 두드린다면 그토록 견고해 보이는 서구 선진국 문화 장벽에 구멍을 낼 수 있을 것이다. 누가 그랬던가. 몽상은 모든 예술 창조의 전제 조건이라고. 예술 하는 사람은 어떤 걸 차지하겠다는 욕심에 앞서, 그 존재 이유만으로도 꿈을 꾼다고. 만약 그 말이 사실이라면 나는 영원히 꿈꾸는 자로 살아갈 것이다.

행복이란 단어를 싫어하는 사람이 있을까?
해마다 새해가 되면 사람들은 수평선 위로 힘차게 떠오르는 태양을 바라보며 소원을 빈다. 생김새만큼 저마다 소원은 다르지만, 그 소원을 한 꺼풀 벗겨보면 결국 행복이라는 이름으로 정리할 수 있다. 우리는 왜 이토록 행복을 갈구하는 걸까? 왜 이다지도 행복에 집착하는 걸까? 그건 아마도 우리네 삶이 그리 행복하지 않기 때문인지도 모른다. 당장 거리에 나가 지나는 사람들을 붙잡고 '지금, 정말 행복하세요?' 라고 묻는다면? 과연 어떤 대답이 돌아올까 사뭇 궁금해진다.

가끔 영인이 운영하는 카페 무대륙에서 노닥거리다 보면 자신이 아끼는 애완동물을 데리고 오는 손님을 보게 된다. 주인을 향해 방긋방긋 살인미소를 날리는 강아지와 고양이들을 볼 때면 나도 기분이 좋아진다. 그 '아이들', 즉 애완동물들은 정말 행복해한다. 그들은 주인의 사랑을 받고 있다는 걸 본능적으로 알고 있다. 그 아이들에게 행복이란 별게 아니다. 졸릴 때 잘 수 있고, 배고플 때 배를 채우면 되는 것이다. 그 아이들에겐 음악을 하면서도, 좋은 음악이라는 목표 앞에서 행복해하지 못하는 나의 고민은 도무지 이해가 되지 않을 것이다. 그래서 언제부턴가 그 아이들을 볼 때마다 나는 이렇게 되묻곤 한다. 나는 왜 단순하지 못할까, 그토록 하고 싶었던 음악을 하고, 그 음악으로 밥을 벌어먹고 있는데 왜 행복하지 않을까, 라고 말이다.

하긴, 이게 어디 나만의 문제이겠는가. 이른 아침 서둘러 엘리베이터를 타고 집을 나선다. 엘리베이터에는 이미 한 무더기의 사람들이 들어 차 있다. 그들이 어디에 사는지, 무슨 일을 하는지 알 리 없다. 그 짧은, 하지만 너무도 어색한 시간 동안 모두들 바닥만 바라본다. 일찍 나왔건만 어느새 도로는 차량들로 가득하다. 차 안에 흐르는 음악도 소음처럼 들린다. 거리의 차들은 모두 나를 앞지르기 위해 달리는 경쟁자로 비친다. 지하철이나 버스를 이용해도 사정은 다르지 않다. 내 앞의, 혹은 내 옆의 사람에게 따뜻하게 눈인사를 건네는 사람은 정신 나간 사람 취급을 당한다. 이것이 바로 입만 열면 행복하자고 외치는 우리의 자화상이다. 행복을 추구하기 위해 공부하고, 일하러 가는 우리네 모습인 것이다. 이런 우리에겐 하루 일과를 마치고 가까운 이들과 즐기는 저녁식사나 차 한 잔도 인간관계를 지속하기 위한 사회적 의무에 불과하다. 누가 먼저 취하나 시합하듯이 술을 붓는 회식은 당연히 업무의 연속이다.

오래 전 버트런드 러셀은 개인의 불행은 개인의 심리보다는 사회제도의 산물의 결과라는 말을 남긴 적이 있다. 그의 혜안은 21세기에도 여전히 유효해 보인다. 아니 더 절실해 보인다. 지금 우리는 그 어떤 시대보다 풍요로운 세상을 살고 있으면서도 부족하다고 목소리를 높인다. 일용할 양식과 몸을 누일 곳이 있는 사람일수록 더 행복을 갈급해하고, 심히 불안해한다.

불안! 현대인이 행복을 누리지 못하는 가장 큰 요인 중 하나는 정체를 알 수 없는 불안에 있다. 불안하면서도 그 불안의 원인을 찾지 못하는 인간이라는 연약한 존재가 자신을 찾는 행복이라는 손님을 걷어차는 것이다. 이런 얘기를 할 때마다 단골로 등장하는 알랭 드 보통은 『불안』이라는 책을 통해 "불안은 욕망의 하녀다"라고 명쾌하게 정의한 바 있다. 나 역시 '보다 유명해지고, 중요해지고, 부유해지고자 하는 욕망'이라는 카피를 보고 이 책을 집어 들었을 정도다.

보통에 따르면 우리의 삶은 불안의 연속으로 이루어져 있다. 하나의 욕망을 또 다른 욕망으로, 하나의 불안을 또 다른 불안으로 바꿔가는 과정이 인생이다. 그 불안의 단계마다 물질을 향한 사람들의 욕망은 증폭되어만 간다. 십여 년 전 IMF로 상징되는 경제 위기와 최근 전 세계를 강타한 미국 발 금융위기의 본질 역시 불안을 감추기 위해 물질에 집착한 결과인지 모른다. 보통의 책을 옮긴이가 말했듯이 "결국 믿을 건 돈밖에 없다는 신념이 돈으로 인해 생긴 불안을 돈으로 다독거리려는 악순환"이 우리네 삶을 더욱 조이고 있는 것이다.

행복을 추구하면서도 정작 아무도 행복하지 않는 사람들. 행복마저 경쟁을 통해 쟁취하는 것으로 믿는 사람들. 음악을 하는 나에게 지금 우리의 모습은 많은 것을 생각하게 한다. 사실 그동안 나에게 음악이란, 이상은이라는 뮤지션의 행복을 위한 도구였다. 내가 여행을 즐기는 것도 나의 행복을 위해서였다. 그러나 지금은 아니다. 단 한 줄기의 멜로디만으로도, 단 한 줄의 가사만으로도 행복을 안겨주는 음악을 만들고 싶다. 내 음악을 통해 행복을 느끼는 이가 단 한 명에 불과할지라도 그 행복을 소중히 보듬어주고픈 갈급함이 있다.

뮤지션 이상은의 행복은 바로 여기에 있다.

우울한 아침.

드디어 런던 날씨의 진수를 맛보게 되었다. 비가 내린다. 한국에서도 흐리고 꾸물꾸물한 날씨는 흔하지만, 런던의 날씨는 스릴러 영화를 보는 것처럼 섬뜩하다. 추위도 단순히 온도가 낮은 차원이 아니라 '폭풍의 언덕'에서 불어오는 바람소리가 휘~횡하고 지나간다.

이런 날은 기분이 착 가라앉는다. 마음의 빗장을 잠그고 싶다. 표정도 냉담해진다. 키에르 케고르나 니체, 샤르트르가 마구마구 땡기는 기분. 생각해보면 이들 모두 우리보다 '나쁜' 날씨에서 '철학'이라는 도구로 살아남는 법을 깨우친 건지도 모른다. '런던에서 많이 볼 수 없는 것'이라는 제목으로 '태양'을 만들어 테이트 모던에 전시한 어느 화가처럼 말이다.

컬러풀하고 세련된 영국의 디자인도 날씨의 영향을 받았을 듯하다. 우울한 날씨에 중독된 사람들을 구원할 수 있는 달콤한 디자인. 생각해보라. 자살 충동을 일으켜 욕실에 들어갔는데 오렌지빛 형광색에 귀여운 얼굴의 비버 모양의 샴푸를 맞닥뜨렸다면? 런던은 그런 발칙함이 있는 곳이다. 아니, 그런 발칙함을 상상하게 만드는 곳이다. 오늘같이 우중충한 날도 런던이기에 아름답다. 하루 종일 비가 내렸던 8년 전엔 참 많이 우울했다. 그런데 내가 변하니까 이 우울한 비를 즐길 수 있는 마음이 생겼고, 그 비를 보며 눈물 대신 아름다운 시를 떠오를 수 있는 눈이 생겼다. 생각해보면 런던의 이런 발칙한 디자인은 날씨에 대비하기 위한 그들만의 대처법인지도 모른다. 런던의 우울한 날씨가 아름다운 이유는 그 우울함을 로맨틱함으로 바꿀 줄 아는 그들의 발칙함 때문에, 그리고 우울한 날씨에도 웃을 만한 것들이 즐비해 있기 때문이다. 나도 지칠 때가 있었다. 아니, 인간이기에 오늘도 내일도 지칠 것이다. 그때를 위해 나만의 발칙함 리스트를 만들어 볼까? 누가 뭐라고 하면 어떤가? 나만을 위해, 내가 견딜 수 있는 힘이라면 괜찮다. 런던의 비가 기다려지는 이유는, 그 우울함과는 대조되는 즐거움으로 동시에 극과 극을 오갈 수 있기 때문이다.

런던의 거리에 넘실대는 눈이 광기로 번득이는, 무서우면서도 어두운 매력이 감도는 젊은이들, 라디오 헤드나 포티 쉐드의 얼음 같은 음악이 이 땅에서 태어난 이유도 결국 날씨 탓이 크다.
차가운 바람, 묵직한 저기압의 날씨를 겪다 보면 이러한 것들이 너무도 당연한 것으로 여겨진다. 어느새 런던의 날씨에 중독된 것 같다.

카페 크로바도

런던의 작은 아파트는 우리의 온돌을 그리워하게 만든다.
이불 속에서 한 발짝도 나가기 싫을 만큼 차가운 공기가 영 마음에 들지 않는다. 전기장판에 불가사리처럼 딱 둘러붙어 꿈쩍도 하지 않는 우리 세 사람. 영국인들은 보통 베개의 절반 크기의 고무주머니에 뜨거운 물을 넣어 침대를 데운다. 구석기 시대에도 이러지 않았을 것이다. 8년 전 런던에 와서 처음 겨울을 날 때 도저히 견딜 수 없어 한국에서 부랴부랴 전기장판을 공수해왔던 기억이 새롭다. 관념적인 문화예술은 우리보다 한 발 앞서 있지만, 실질적인 생활문화는 분명 우리가 월등하다는 걸 새삼 느끼게 된다.

베를린으로 돌아가는 동생 정화를 배웅하고 다시 잠이 들고 말았다. 하지만 이렇게 런던에서의 또 다른 하루를 날릴 순 없다. 여행은 항상 '시간'을 생각하게 만든다. 시간이 아깝다는 생각이 들게 한다. 오후, 비가 그치고 구름 사이로 하늘이 모습을 드러내자 영인이 가이드북에서 극찬한 아주 '딥'한 런던의 카페에 가보자고 말한다. 누가 카페 주인장 아니랄까봐.

가이드북의 지도를 따라 카페를 찾았다. 너무 늦게 나온데다 카페를 찾는데 시간이 걸려 어느덧 컴컴한 저녁이 되었다. 크로바도 카페. 마치 홍상수 감독의 영화에 나올 법한, 인사동의 민속주점 같은 카페의 분위기에 모두들 흡족해한다. 영인은 '빈티지'를 좋아한다. 낡고 오래된 것을 광적으로 좋아해서, 자신이 운영하는 카페도 빈티지스럽게 꾸며 놓았다. 카페 크로바도를 찾아오는 길에서도 영인의 눈은 연신 반짝거렸다. 런던의 좁다란 골목길, 무너져가는 비석들이 즐비한 공동묘지를 꺄악 소리를 내며 사진에 담는 모습이 마치 '마녀' 같았다. 영인을 모르는 누군가가 봤다면 오던 길을 돌아갈지도 모른다. 영인에게 '빈티지'란 적어도 수백 년 전의 시간의 흔적이 묻어 있어야 한다. 이런 그녀에게 당장이라도 유령이 튀어나올 것 같은 크로바도 카페는 런던에서 가장 쿨한 곳으로 기억될지도 모르겠다. 실제로 이곳은 케이트 모스의 애인인 피트 도허티 같은 유명인들이 자주 찾는 곳이기도 하다. 듣기로는 런던의 부동산 시장에서는 유령이 나오는 집으로 소문난 집이 더 비싸게 거래된다고 한다. 옛것을 광적으로 좋아하는 런던 사람들답다. 집으로 돌아가는 길에서도 영인은 공동묘지를 다시 찾아 연신 셔터를 눌러댄다. 영인의 취향을 알아챈 하얀 레이스가 달린 옷을 입은 하얀 유령이 우리 앞에 나타날 것만 같다.

런던의 회색빛 자욱한 추운 밤.
지금 이 시간은 '영인'을 위한 시간임에 분명하다.

핫 플레이스, 브릭레인

일요일이다.
하는 일이 구경하고 노는 것이 여행자에게도 일요일은 편안하게 다가온다. 깃털처럼, 비눗방울처럼 가벼운 마음을 잴 수 있는 저울이 있었으면 하는 마음. 일요일 아침에 어울리는 좋은 날씨에 감사한 마음이 절로 든다. 날씨에 따라 기분이 극도로 달라지는 런던에서 이런 날씨를 만난다는 건 천운이 아닐 수 없다. 찬란한 햇빛, 푸르른 하늘, 바닷바람에 날려 도시 구석구석에 스며드는 청명한 공기, 손에 잡힐 듯 낮게 깔린 하얀 구름까지. 오늘만큼은 지중해가 부럽지 않을 듯하다. 이 날씨를 만끽하겠다고 벼르고 있을 런더너들의 기대감에 도시 전체가 팽팽한 에너지로 가득 차 있는 것 같다. 오늘은 그야말로 축제 같은 하루가 될 것만 같다.

오늘은 런던의 첫날 우리에게 열쇠를 가져다준 동글동글한 아이를 만나기로 했다. 고맙게도 동글동글한 아이가 이곳 젊은이들에게 가장 핫하다고 소문난 브릭레인에 데려다주기로 했다. 나도 처음 가보는 곳이다. 킹스로드의 스피릿이 사라진 지금 한국에서 날아온 세 명의 여자를 만족시킬 수 있는 곳은 여기뿐이라는 그녀의 호언장담을 믿기로 했다. 참, 런던에서 핫하다는 것은 우리와는 다소 다를 수도 있다. 이곳 젊은이들은 '대안적'인 문화를 사랑한다. 내가 런던을 좋아하는 이유도 바로 이 때문이다. 아방하면서 펑크한, 얼터너티브한 분위기와 동화적인 분위기의 공존. 리버티와 코벤트 가든이 동화적이었다면 오늘 우리가 찾게 될 브릭레인은 아방한 분위기의 정수를 맛볼 수 있을 것 같아 기대된다. 벌써부터 마음이 즐거워진다.

기정과 정인은 런던에 온지 불과 며칠 밖에 안 되었는데 버스에 올라타는 동작이 가히 예술이다. 재빨리 버스에 올라 버벅거리지 않고 2층 전망대 자리로 앉는 모습이 감탄스럽다. 브릭레인은 가는 길도 볼거리가 풍성하다. 고상하면서도 선 굵은 대리석 건물이 회랑처럼 둘러쳐진 리젠트 스트리트, 언제 보아도 세련된 맥킨토시 매장, 한국인이 운영해서 더욱 유명해진 '와사비'라는 일식집, 어디를 보아도 그림이 되는 거리 풍경을 카메라에 담으며 일요일의 햇살과 한가로움을 즐기는 이 시간이 너무 행복하다.

드디어 브릭레인. 지하철로 오려면 리버풀 스테이션에서 내리면 된다. 8년 전과 8년 후의 런던 중 가장 달라진 게 있다면 일본 문화와 한국 문화가 영국에 안정적으로 착근했다는 것이다. 실제로 이곳에서 박지성 선수와 한국 휴대전화의 인기는 피부로 느낄 수 있다. 하지만 아직도 갈 길이 멀다. 특히 일본에 비해 한국이라는 국가 브랜드는 상대적으로 미미한 게 사실이다. 심지어 우리 기업을 일본 기업으로 알고 있는 이들도 많다. 소호의 길거리에서 한국이 어디에 붙어 있느냐는 질문도 받았다.

황당했다. 그래도 8년 전 하이드 파크에서 대대적으로 일본 문화를 소개했던 '저팬 페어'에서 들러리가 되었던 것에 비교하면 그 사이에 부쩍 자란 우리나라가 대견할 따름이다. 우리도 어서 하루빨리 하이드 파크를 통째로 빌려 '한국 축제'를 여는 날이 속히 오기를 바란다.

브릭레인은 마치 동경의 에비스 가든 플레이스를 닮은 듯하다. 현대적 방식으로 옛날 스타일을 버무려 놓은 거나 전체적으로 현대적인 감성으로 깔끔하게 정리한 모습도 일본스럽다. 우리나라에서 흔히 볼 수 있는 밀레니엄적인 쇼핑 몰의 분위기도 연상된다. 다만 차이가 있다면 차양을 길게 두른 광장 한가운데에 있는 마켓들이다.

마켓은 집에서 손수 만든 물건들을 가지고 나와 파는 구역이다. 따라서 당연히 가격도 비교적 저렴하다. 무엇보다 '핸드 메이드' 라는 점이 매력 포인트이다. 어디를 가나 '시장' 은 꼭 가봐야 한다는 게 내 여행의 지론. 세상 어디를 가든 시장에만 가면 넉넉한 인심이 안겨주는 기쁨을 누릴 수 있다. 브릭레인 광장의 마켓에서도 옷이나 인형, 손으로 만든 잼, 과자, 티셔츠, 비누, 가방, 인테리어 소품 등이 성황리에 팔리고 있다. 우리나라도 핸드 메이드 시장이 상시적으로 운영되면 얼마나 좋을까, 라는 생각을 해보았다. 이전에 한 패션 기업의 사장님이 야트막한 산을 구입해 공방과 공예품을 파는 가게를 곳곳에 설치하면 좋겠다는 얘기를 한 걸 들은 적이 있다. 전국의 대학에서 쏟아져 나오는 예술 전공 학생들이 적은 비용으로 작업실을 해결하고, 그곳에서 손수 만든, 창의적인 아이디어로 무장한 핸드 메이드 아트 상품을 판매한다면 멋진 관광지가 되지 않겠느냐는 그분의 말이 새삼 생각난다.

좋은 생각이다. 이곳 브릭레인만 보아도 얼마든지 실현 가능한 아이디어가 아닐 수 없다. 브릭레인의 핸드 메이드 가게들은 여느 가게에서 느낄 수 없는 편안한 분위기를 자아낸다. 대중들의 구미에 딱 맞는 것. 이곳저곳을 돌아보며 즐겁게 구경하고 있는데 갑자기 누군가가 우리에게 밝게 인사를 건넨다. 한국 유학생이었다. 일요일마다 김밥을 만들어 이곳에서 판매한다는 그가 우리에게 선뜻 김밥 두 상자를 건네준다. 뜻밖의 친절에 눈물이 핑 돌 지경이다. 어찌나 고맙던지 몇 번을 고개 숙여 인사를 전했다. 같은 한국인이라는 게 이런 건가 보다.

그 유학생의 말로는 지금 우리가 서 있는 곳은 작은 시장이라고 한다. 진짜 메인 코스는 안쪽으로 더 들어가야 한단다. 그 순간 기정의 입에서 '스피탈필즈 마켓 Spitalfields Market' 이라는 이름이 튀어 나왔다. 역시 학구파 여행자답다. 기정의 말로는 아마 오늘 여행의 하이라이트가 될 거라고 한다. 기정의 뒤를 따라 졸졸졸 따라가니 이런…. 너무도 멋지고 개성 넘치는 시장이 도사리고 있었다. 최고다! 브릭레인보다 좀 더 낡은, 마치 제3세계에 온 듯한 느낌이 가히 예술이다.

묘한 느낌의 원피스가 시선을 사로잡는 '도레미야' 라는 가게에 들어갔다. 옷도 마음에 들었지만 이곳 주인이 한국인이라는 점원의 말이 더욱 놀랍다. 때마침 세일에 들어간 원피스 한 벌을 냉큼 구입했다. 빈티지 매장도 일일이 섭렵했다. 하지만 한국에 돌아가 엄마가 소싯적에 입던 옷을 대량 수거하는 것으로 작전을 바꿨다. 이유는… 가격 때문이다. 환경 문제가 화두가 되면서 빈티지가 유난히 인기를 모으게 되었고, 그 결과 가격이 덩달아 뛴 것이다. 셀 수 없을 정도로 많은 부스, 크고 작은 빈티지 가게들이 늘어선 거리, 크고 작은 건물들, 길바닥에서 자기가 만든 옷이나 입던 옷을 가지고 나와 파는 런던의 청춘.

우리의 홍대 앞에서 점점 사라져가는 자유로운 '인디 정신'이 철철 넘쳐흐른다. 어른들의 삶의 터전과 스타일로부터 '완전 독립'을 선언한 새로운 국가처럼 보인다.

무언가에 숙달된다는 건 좋은 게 아니다.

생각하지 않아도,
고민하지 않아도 척척 할 수 있는 일을
자랑해서는 안 된다.

그건 당신의 삶이 '기능적'이라는 증거다.

당신의 삶에 감동이 사라지고 있다는 것이다.

이상은에게… 음악이란?

제목을 붙이고 보니 어느 예능 프로그램에서 게스트를 향해 성의 없이 툭툭 던지는 질문이 떠올라 피식 웃음이 난다. 당연한 얘기겠지만 사람들이 내게 자주 묻는 질문은 바로 '음악'에 관한 것이다. 이곳 런던에서도 나를 알아본 한 유학생이 13집 음반이 나온 지 2년이 넘어가는데 새 앨범은 언제 나오느냐며 안부를 물어왔다. 그 유학생은 내 음악을 평소 즐겨 듣는다며 각각의 음반의 콘셉트를 어떻게 잡는지를 궁금해했다. 애석하게도 나는 그가 듣고 싶은 답을 들려주지 못했다. 사실 나는 어떤 콘셉트를 잡고 음반을 제작하지 않는다. 화가들이 자신이 그리고 싶은 걸 그려나가며 그림의 제목을 붙이고, 개념을 부여하듯이 나 또한 만들고 싶은 음악들을 만든 후에 콘셉트를 잡는 편이다. 분명한 건 그렇게 만들어진 음반의 콘셉트가 그때의 나를 잘 대변해주었다는 것이다.

물론 나의 작업 방식은 이른바 '기획'으로 가수와 히트곡이 만들어지는 지금과는 맞지 않는다. 사방이 온통 '아이돌' 세상인 국내 가요계에서 그때그때, 즉흥적으로 음악을 한다는 건 말이 되지 않는다. 하지만 나는 '예술'을 하고 싶다. 대중가수로 출발했지만 음악이라는 작품을 만드는 아티스트로 살고 싶다. 이런 나에게 권력화되고, 정형화되고, 박제화된 이 땅의 주류 음악계는 너무도 재미없다.

8년 전 런던에서의 고민도 바로 여기에서 시작되었다. 나는 나만의 음악을 찾고 싶었다. 그래서 서울과 일본을 오갔다. 그곳에서 음악에 대한 갈증을 해소해줄 수 있는 오아시스를 찾았다. 서울에서는 홍대를 무대로 삼았다. 지금의 홍대보다 훨씬 '야생적'이었던 그곳에서 많은 사람들을 만났다. 화가들과 교우하고, 황신혜 밴드나 어어부 밴드, 강산에와 같은 뮤지션들과 음악을 논했다. 그렇게 새로운 음악과 새로운 문화를 찾아 나섰다. 이상은이라는 이름을 만들어 나갔다. 지금 나를 아는, 그리고 감사하게도 내 음악을 사랑해주는 사람들이 듣고 있는, 느끼고 있는 음악은 20년의 세월 동안 차근차근 변화해온 것이다.

사람들은 내가 서 있는 곳을 '인디 신 indie scene'이라고 말한다. 나도 그 말에 동의한다. 인디음악은 '독립음악'이라는 뜻으로, 상업적인 대형 매니지먼트 자본과 유통 시스템으로부터 독립을 추구하는 뮤지션들이 행하는 음악을 말한다. 상업적인 주류 음악 시스템에서 떨어져 나와 자신이 하고 싶은 음악을 하는 것이다. 20년이라는 결코 적지 않은 시간이 흐른 지금 나 역시 인디 신의 아티스트로 음악 활동을 하고 있다.

하지만 나는 인디 뮤지션이 아니기도 하다. 우선 나는 노래를 부르는 게 아니라 '신 新 문화'를 만들어가는 예술가로 살고 싶다. 내가 추구하는 예술이 분명 인디적 성향에 속하지만, 그것을 넘어 '이상은만의' 음악을 만들어가고 싶다.

나는 지금의 내 모습을 사랑한다. 지금 내가 만들어나가는 음악과 예술을 사랑한다. 지난 시간, 숱한 방황을 거쳐 힘들게 찾은 나의 길을 그 무엇보다 사랑한다.

런던에서 한국 인디음악을 바라보다

가히 인디음악의 전성시대다.
최근 홍대를 기점으로 한 국내 인디음악의 기세가 무섭다. 1994년 '클럽 드럭'이 문을 열면서 이른바 클럽 문화가 생겼을 때와는 이른바 그림이 달라졌다. 1990년대 중후반 크라잉넛, 노브레인 등으로 대표되는 인디밴드의 첫 번째 전성기가 지나간 후 국내 인디음악은 한동안 대중의 관심 밖으로 밀려나 있었다. 그러던 것이 최근 몇 년 사이 분위기가 급반전했다. 인디 뮤지션들이 공연하는 홍대 클럽에는 인디음악 마니아들이 몰려들고 있다. 오지은, 장기하와 얼굴들, 황보령, 브로콜리 너마저, 검정치마, 갤럭시 익스프레스, 요조, 한희정, 소규모아카시아밴드, 에피톤 프로젝트 등 '인기'라는 말이 어색하지 않은 후배들도 많아졌다.

인프라의 개선과 소프트웨어의 발전. 음악평론가들은 최근 몇 년 사이 인디음악이 약진하게 된 원동력을 이렇게 정리한다. 실제로 과거에 비해 인디음악 축제는 물론 롤링 홀, 상상마당 등 인디음악을 만날 수 있는 공간이 한결 많아졌다. 미디어의 관심도 인디음악에 호재로 작용했다. 매일매일 인디음악의 현재를 소개해주는 어느 포털사이트의 클릭 수는 상상을 초월한다. 나도 출연한 적이 있는 EBS의 '스페이스-공감'도 인디음악의 대중화에 한몫 단단히 하고 있다.

하지만 태양이 뜨면 그림자가 지는 법. 인디음악의 전성시대를 우려하는 눈으로 바라보는 이들도 적지 않다. 과거 얼터너티브 정신으로 무장한, '오버'로 상징되는 주류 음악계에 연연하지 않고 그저 음악을 하는 것만으로도 행복한 인디 뮤지션이 과연 얼마나 있느냐, 라고 비판하는 이도 있다. 물론 그들의 의견에 전적으로 동의하지는 않는다. 하지만 새겨들어야 할 얘기도 적지 않다는 게 내 생각이다. 특히 내가 지금, 1970년대 말 '영국의 무정부상태Anarchy in the U.K.', '신은 여왕을 보호한다God save the queen'라는 노래를 들고 나와 센세이션을 불러일으킨 섹스 피스톨즈Sex Pistols를 자랑하는 영국에 있기에 더더욱 그러하다. 사실 당시 섹스 피스톨즈의 음악이 아주 빼어난 완성도를 자랑했던 건 아니다. 그건 전문가는 물론 대중도 알고 있다. 하지만 그들의 음악이 대를 이어 회자되는 이유는 바로 '정신성'에 있다. 4명의 노동자 계급의 청년들, 마치 선언문을 연상시키는 듯한 노랫말, 아마추어적인 연주 실력을 상쇄하고도 남는 허무주의적이면서도 무정부주의적인 메시지는 당대의 청춘을 열광시키기에 충분했고, 오늘날 거역할 수 없는 역사로 살아 남았다.

정신성과 다양성의 조화. 나는 국내 인디음악이 지속가능한 생명력을 가지려면 이 두 가지를 동시에 추구해야 한다고 본다. 노래방에서 즐겨 불리는 레퍼토리가 될 정도로 '뜨는' 것도 좋지만, 그 순간 자신의 음악을 사랑하던 마니아들이 '떠날' 수도 있다는 사실을 잊어서는 안 된다.

다행인 건 인디 신에서 만나는 많은 인디 뮤지션들이 이를 잘 알고 있다는 것이다. 그래서이다. 나는 그들에게서 국내 인디음악의 내일을 발견하게 된다. 앞으로도 국내 인디음악은 새로운 실험정신으로 반짝반짝 빛날 것이다. 고급스러운 혹은 대중의 취향에 상업적으로 영합하는 주류문화와는 거리를 둔 다양한 음악이 팬들을 찾아갈 것이다.

런던은 어디를 가나 음악의 정신성이 살아 꿈틀대는 것 같다. 도시의 모든 요소 속에서 음악적 감수성이 물씬 풍겨난다.

8년 전에도 그랬듯이, 지금도 음악을 향한 나의 열정을 다시 깨우는 묘한 매력을 지니고 있다.

그러고 보니 8년 전 런던의 이상은과 지금 런던의 이상은은 하나도 변하지 않았다. 음악을 향한 열정과 꿈을 지닌 존재라는 점은 결코 변하지 않았다.

당당함과 여유로움.

런던에서 음악을 하고 그림을 그리는 몇 안 되는 친구들에게서 나는 언제나 당당하고 여유로운 삶의 태도를 본다. 영국 문화가 미국과 유럽의 문화 사이에서 도드라져 보이는 까닭은 이들의 당당함과 여유로움이 한 몫 차지한다. 내 친구들은 자신을 "축구를 보고 록 음악을 즐겨 듣는" 사람이라고 소개한다. 자신의 문화적 정체성을 드러내는 이 말은 자신의 계급적 정체성을 포괄하는 의미로 사용된다. '문화는 정치적인 것' 이라는 탁월한 식견을 지녔던 스튜어트 홀의 문화연구를 탄생시킨 나라답게 이들은 문화를 통해 삶의 모든 것을 해석하는 법을 잘 알고 있다.

런던의 친구들에게 '서민' 이라는 단어는 결코 부끄러운 것이 아니다. 이들에게 부끄러운 것이란 자신의 계급적 위치를 망각한 채 자신의 위치를 거짓으로 부풀려 살아가는 것이다. 자신이 서민 계층이라면 중산층 흉내를 내봤자 그들에게 돈을 벌어다주는 것에 불과하다는 사실을 이들은 잘 알고 있다. 그럴 바엔 차라리 서민의 삶에 맞는 서민의 문화를 만들고, 그것을 찾고, 즐기는 게 행복하다고 생각한다. 그래서일까. 이들은 자신이 속한 계층의 정치적, 경제적, 문화적 입장을 표현하는 데 주저함이 없다. 거기에서 만들어진 문화를 즐기고 자부심을 갖고 있다. 이러한 당당함이 있기에 영국 문화는 오늘도 자신들만의 색깔을 만들어가고 있는 것이다.

자신을 사랑하기, 그리고 자신의 길을 찾기. 나는 우리나라 젊은이들도 이렇게 살아가기를 소망한다. 자신이 지금 어디에 있는지, 그리하여 자신은 어떤 '입장'으로 세상을 바라보아야 하는지를 온몸으로 보여주면 좋겠다. 가슴 속 어딘가에 뜨겁게 차오르는 현실의 불만을 과감히 표출하면 좋겠다. 그런데 현실은 어떠한가. 수동적으로 살아갈 것을 강요하는 기성세대의 명령에 굴종하는 모습, 미국이 상품으로 만들어 놓은 문화를 아무런 고민 없이 소비하는 모습, 그 결과 통장잔고는 없어지고 머릿속에는 허영만 가득한 모습, 어디에서도 찾을 수 없는 진정한 내 모습에 방황하는 모습….

지금까지 음악을 해온 안목으로 감히 말하건대, 지금 우리가 목도하고 있는 전지구화는 환상에 불과한 것이다. 자본을 앞세운 할리우드 영화의 맹폭에 예술성을 자랑하던 프랑스와 이탈리아 영화가 어떻게 되었는지 우리는 알아야 한다. 어떤 획일적인 하나의 문화가 세상을 장악한다는 건 곧 전 세계 문화가 퇴보하는 것이며, 온 인류가 슬퍼해야 하는 비극이다.

나는 한 살 한 살 나이를 먹을 때마다, 이 땅의 젊은이들을 '위한' 음악을 해야 한다는 생각을 갖게 된다. 그것을 책임감이라고 얘기할 순 없을 것이다. 하지만 그들과 함께 고민하고, 그들을 사랑하는 마음으로 음악을 만든다는 얘기만큼은 당당히 할 수 있다. 그런 점에서 나는 우리의 인디문화에 자부심을 갖고 있다. 이 땅의 창조적이고 독립적인 예술가들이 어려움을 딛고 만들어낸 문화를 자랑스럽게 여긴다. 다행인 건 근래 들어 이 땅의 인디문화가 그 영향력을 점점 더 확대하고 있다는 것이다. 예전의 인디문화는 그걸 하는 사람만 이해했다. 그런데 이제는 인디와 메이저의 경계가 거의 사라진 것 같다. 인디문화를 좋아하고 이해해주는 사람의 수가 과거에 비해 놀라울 정도로 많아졌다. 그리고 다양해졌다. 많은 사람들이 장기하와 얼굴들의 노래를 즐거이 듣는 것만 보아도 인디문화에 대한 이질감이 많이 줄었음을 알 수 있다.

물론 아직도 우리의 인디문화는 갈 길이 멀어 보인다. 선진국의 문화를 흡수하는 건 탓할 일이 아니다. 그렇다고 문화식민지가 되어서는 안 될 일이다. 하지만 우리의 인디문화가 문화의 식민지화를 단호히 막을 정도로 내공이 탄탄한가라는 물음 앞에서는 그 속에 들어 있는 나조차 대답을 하기 힘든 게 사실이다. 인디문화를 즐기는 대중도 많은 과제를 안고 있다. 자신이 속한 계층, 단체, 집단에서 만들어지거나 즐기는 문화가 우리에겐 여전히 부족하다. 자기 세대의 문화와 감수성, 사고에 대한 지식을 쌓아가는 것도 필요하다. 즉, 대중도 자신이 좋아하는 문화를 '공부' 해야 한다는 것이다. 우리보다 나은 외국 문화는 당연히 받아들여야 한다. 하지만 그것도 학습의 관점에서 받아들일 때 제 빛을 발할 것이다.

자신의 현재를 고민하고, 자신과 같은 세대의 외국의 예술가들은 어떤 고민을 하고, 생각을 하는지 살펴보는 것. 지금 한국의 예술가들에게 주어진 과제가 아닐까?

나와 너, 그리고 우리

출출하다.

손에 들고 간단히 점심을 해결할 수 있는 부스에 들어갔다. 동글동글한 동생이 이디오피아 파이라며 내게 권한다. 위장은 원하는데 머리가 원하지 않는 분위기이다. 동글동글한 동생은 자기는 런던대학에서 '문화인류학'을 공부하는데, 다민족의 다문화적인 음식을 판매하는 이곳을 유난히 좋아한다고 말한다.

문화인류학이라…. 알다시피 최근 문화예술계의 화두 중에서 단연 눈에 띄는 것은 '혼성'이다. '하이브리드 hybrid'라는 단어로도 통용되는 이 흐름은 개별 장르의 경계를 허무는 만병통치약으로 사용되고 있다. 문화인류학이라는 게 그런 것 같다. 사회학, 인류학, 역사학 등을 연계해 지구상에 존재하는 다양한 문화를 연구하는 학문. 개별 학문 분과의 경계를 소리없이 허무는 공부.

비록 나는 잘 모르지만, 문화인류학을 공부하는 젊은 친구들이 지금보다 훨씬 더 많아졌으면 좋겠다. 언젠가부터 우리 주변에는 '이주노동자'라고 불리는 외국인들이 많아졌다. 하지만 이주노동자들이 우리나라에서 살아가는 게 결코 쉽지 않다는 뉴스를 자주 접하게 된다. 임금이라는, 노동의 대가를 제대로 못 받는 것은 물론 일을 하다가 신체가 훼손되는 고통을 당해도 제대로 치료받지 못한 채 신음하는 이주노동자들이 너무도 많다. 이들에게 비인간적인 대우를 당연한 것으로 여기는 나쁜 사람들 때문에 대한민국 국민이라는 사실이 부끄러울 때도 있다. 우리가 단일민족이라는 수식어를 자랑스럽게 여기는 만큼 우리와 '다른' 이를 아끼고, '다른' 곳을 사유할 수는 없는 걸까? 지금 우리가 서 있는 스피탈필즈 마켓처럼 말이다. 지구촌 누구나 평화롭고 평등하게 물물교환을 하는 곳, 그 안에서 새로운 문화가 탄생하고, 그것을 즐기고, 동시에 지구의 환경까지 생각하는 곳.

나는 미래의 도시 모습은 우리가 생각하는 것처럼 SF적이지 않고 문화인류학적인 곳이 될 거라고 확신한다. 지구촌 그 누구도 나 혼자서 혹은 우리끼리만 살 수는 없다고 여기는 세상이 될 것으로 본다. 문화인류학에 대해 잘 알지 못하지만, 그저 문화인류학이 미래를 위한 필수 준비과정이라는 것은 굳게 믿는다. 문화와 인류, 따로 떼어도 참 아름다운 단어들이다. 우리끼리 살 수 없는 이유는 문화가 있기 때문이다. 내가 한국 문화만을 즐기며 살았더라면 그저 좁디좁은 느낌과 경험만을 가진 사람이었겠지? 수많은 문화가 있기에 그들이 문화를 통해 배운 그 어떤 느낌을 내가 받을 수 있는 거겠지. 음악을 하는 사람에게 문화와 인류란 떼려야 뗄 수 없는 단어다. 문화가 없으면 내가 어디에서 색다른 사랑을 볼 것이며 색다른 노래를 들을 수 있을까 생각해본다. 또 인류가 없다면 내가 누구를 위해 노래를 할까.

그런 점에서 문화인류학은 미래를 준비하는 지구촌 젊은이들의 필수 학문으로 자리 잡을지도 모르겠다.

내 노래를 좋아한다는 외국 유학생을 만난 적이 있다. 인류를 뛰어넘어 내 음악 자체를 좋아해주는 그. 참 고마웠다. 음악인들의 청중은 인류이다. 내가 청중들을 인류라고 말하는 이유는 음악인은 인류, 그러니까 모든 사람의 감정을 담아야 할 임무가 있다고 생각하기 때문이다. 청중이 인류가 되는 그 순간, 나의 음악은 더 다채로워지고 더 풍성한 음색을 띈다. 그래, 내가 문화인류학에 끌리는 것도 어쩌면 더 나은 이상은이 되기 위함일 것이다. 오늘도 런던 문화 속에서 많은 인류를 만나며 새로운 만남의 기분, 새로운 사랑의 분위기, 그리고 새로운 오늘의 냄새를 배운다. 내가 런던에 온 이유, 이 정도면 충분하다.

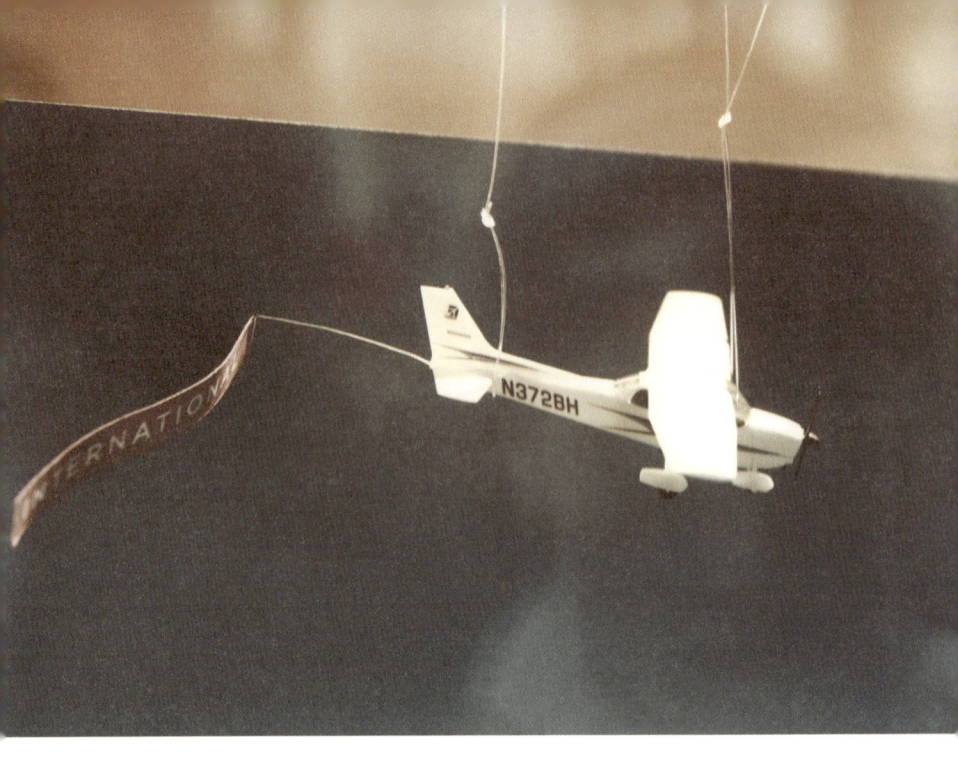

앤티크와 낡은 레코드를 파는 가게를 지나 우리의 황학동 벼룩시장처럼 보이는 골목에 다다르니 '샤라운지chalounge'라는, 사방이 온통 빈티지 골동품으로 채워진 카페가 나타났다. 낡디 낡은 소파에 몸을 누이고 창밖을 보니 이보다 더 좋을 순 없다. 창밖에는 아랍어로 쓰인 간판이 인상적인 싸구려 잡화상과 1960년대 소울 음악 LP만을 전문적으로 파는 포장마차가 보인다. 확실히 지금 런던의 트렌드는 '빈티지'인 듯하다. 노트북을 앞에 두고 커피를 마시는 여자의 복장도 빈티지에서 시작해 빈티지로 끝난다.

- 신기하네. 내가 공부할 때만 해도 이 동네는 원래 아랍인들이 살던, 그리 화려하지 않은 동네였거든.

동글동글한 아이에게 물었다. 사실이었다. 한국 유학생들 사이에서 이 동네는 굳이 가볼 필요가 없는, 심지어 볼품없다는 평가를 받았었다.

- 몇 년 전부터 가난한 예술가들이 이곳으로 대거 이주하면서 달라지기 시작했어요. 이상하죠? 뉴욕이나, 런던이나 예술가들은 집세가 저렴한 곳을 선호하고, 그들이 모여들면 사람과 자본이 몰려들고, 그리고 결국 예술가들은 높은 집세를 견디지 못하고 밀려 나가고…. 언니가 나중에 다시 이곳을 찾으면 예술가들은 찾아볼 수 없는 곳이 될지도 모

르겠어요.

그래, 동글동글한 아이의 말이 맞을 지도 모른다. 다행인 건 내가 다국적 보헤미안의 분위기가 물씬 풍기는 '지금' 이곳에 왔다는 것이다. 인디, 아트, 아방가르드, 빈티지, 다국적, 혼성, 이국적, 얼터너티브, 언더그라운드…. 이러한 수식어가 모두 뒤섞인 이곳이 한창 전성기를 누릴 때 왔다는 게 너무도 다행이다. 다양한 나라들의 문화를 맛볼 수 있고, 동시에 이곳이 아니면 찾아볼 수 없는 새로운 문화가 날마다 탄생하는 곳. 러프 트레이드 Rough Trade 같은 대형 인디펜던트 뮤직 스토어 겸 레이블이 있는가 하면, 음악에 목숨을 건 독립 뮤지션들이 굳건히 생존하는 곳. 스피탈필즈 마켓은 '대안적인 상업성'이 무엇인지 느낄 수 있는 그런 곳이다.

여기에서만큼은 여행자가 아닌 '방랑자'로 불리고 싶다. 국경을 넘어, 인종을 넘어, 고정관념을 넘어, 편견을 넘어 자유롭게 흘러 다니는 방랑자. 비록 먼 훗날 어떤 모습으로 바뀔지 모르지만 지금 이 순간만큼은 별 다섯 개를 안겨주기에 충분한 곳.

그 이름 스피탈필즈 마켓.

대형 타임머신, 대영박물관

오늘은 대영박물관 가는 날.
이층버스에서 내리면 바로 보일 줄 알았더니 그게 아니어서 조금 헤매야 했다. 박물관 앞은 기념품을 판매하는 매장과 운치 있는 고서점이 나란히 붙어 있다. 박물관이라는 이름에 걸맞는, 고색창연한 분위기. 그 뒤로 박물관이라기보다는 거대한 그리스 신전 같은 건물이 우뚝 서 있다. 어마어마한 크기의 기둥 앞에서 탄성이 절로 나온다.

1753년 의사이자 과학자였던 한스 슬로안 경이 자신의 컬렉션을 중심으로 연 이곳은 1759년 일반에게 공개되었다. 입장료가 얼마일까 이곳저곳을 기웃거리는데 기정이 '무료'라고 말한다. 뭐라고? 700만 개의 세계적인 유산을 보유한 이 방대한 박물관이 무료라고? 1년에 이곳을 찾는 관람객은 무려 600만 명이 넘는다고 한다. 이들 모두가 '무료입장'이라는 특전 앞에서 영국에 대해 좋은 인상을 가지고 갔을 게 분명하다. 당장 나부터 기분이 좋으니까.

입구에 들어서자 탁 트인 흰 돔 모양의 회랑이 웅장함을 자랑한다. 입구는 옛 스타일인데 내부는 현대적인 세련됨이 철철 넘쳐흐른다. 문제는 이 엄청난 소장품 앞에서 대체 어디서부터, 어느 방향에서부터 봐야할지를 모른다는 것. 어디든지 혼자 다니기 좋아하는 영인은 '나홀로 관람'을 선택했다. 그녀답다. 나는 서울에서 늘 그랬듯이 기정과 붙어 다니기로 했다. 이집트, 그리스, 아스텍, 아시리아, 인도, 중국의 전시실…. 대영박물관을 하루에 본다는 건 말도 안 된다는 홍보 문구는 사실이었다. 당장 그리스 신화 속에 등장하는 아프로디테를 그린 접시에 마음을 빼앗긴 나는 그 앞에서만 한 시간을 넘게 있었다. 오묘하고 진귀한 물건들. 내 눈앞에 어린 시절 총천연색 백과사전에서 보았던, 학창 시절 세계사 시간에 배웠던 역사적 유물들이 있다는 사실이 믿기지 않는다. 전율이 이는 듯한 기분. 무엇보다 전시품에 어울리는 웅장하고 우아한 전시 공간이 너무도 마음에 든다.

대영박물관에서 가장 인기를 모으는 곳은 역시 이집트 전시실이다. 재미있는 건 대영박물관도 교복을 입은 단체 관람객들로 바글바글하다는 것. 파라오가 매력적인 건 전 세계 어린이들의 마음을 단번에 사로잡는다는 것이다. 이곳에서도 파라오의 인기는 가히 헤아릴 수 없다. 살짝 질투가 날 정도. 이집트의 각 왕조 별로 정리된 전시관도 너무나 마음에 든다. 사전 지식이 전혀 없어도 이곳만 둘러보면 이집트의 역사를 줄줄 꿸 수 있을 것 같다.

박물관이란 그런 곳 같다. 지금은 이 세상에 사라지고 없는 옛사람들의 삶의 흔적이 담겨 있는 곳. 제아무리 웅장한 건물과 세련된 전시공학으로 담아 놓아도 어딘가 쓸쓸하고 텅 비어 보이는 곳. 나는 보았다. 아름다움의 정수를 만끽할 수 있다는 대영박물관의 사이사이에 배어 있는 삶의 무상함을. 시간을 가늠할 수 없을 만큼 오래된 삶의 기록들은 현대사회가 잃어버린 신화적인 아름다움으로 살아 있었다. 그런데 그 아름다움이 너무도 처연하다. 무엇이든지 '시간'을 생각나게 하는 것들은 두려움으로 다가온다. 세월이 흐른다는 것, 나이를 먹는다는 것, 그리고 소멸한다는 것…. 대영박물관의 세월의 영겁을 이겨낸 유물들은 우리에게 존재와 부재의 황홀함과 두려움을 동시에 안겨준다.

시간의 경계를 느끼며 '나의 박물관'은 무엇인지 생각해본다. 오래된 삶의 기록, 시간에 배어 있는 삶의 무성함, 그리고 두려움…. 모두에게 그렇듯이 자신만의 박물관이 있다. 바로 '사진 앨범'이다. 현실을 잠시 잊고 싶을 땐 사진 앨범을 펼쳐보곤 했다. 지금의 나는 무엇인지, 내가 어느 시간에 살고 있는지 애매해질 때면 나는 나만의 박물관을 찾았다.

아주 오래된 시간과 흔적이 사진이라는 것으로 남아 있는 곳에서 가끔은 두려움을 느끼기도 했다. 지나온 '시간'을 생각한다는 건 가벼운 미소를 주기도 하지만 때론 그 자체를 멈춰버리고 싶게 한다. 물론 신화적인 분위기와 거대한 흔적들이 남아 있는 대영박물관은 누구에게든지 형용할 수 없는 벅찬 느낌을 주지만, 나에게 시간은 가끔 두려운 존재였다. 인간은 항상 지나온 시간 앞에서 현재의 나를 보게 된다. 변했다면 올바르게 변하고 있는 건지, 그대로라면 왜 그 자리에 서 있는지를 생각하면서. 한때 변하지 않는 내가 두려웠다. 변하지 않는 사랑이라면 더할 나위 없이 환영하지만, 왜 난 제자리이고 내 음악은 성장하지 않는지 수많은 생각으로 밤을 두려워했던 때가 있었다. 하지만 변하지 않는 것은 없었다. 변화에 대한 나의 기대가 컸던 것, 그리고 조금 더 혁명적인 변화를 원했던 것일 뿐, 난 조금씩 변하고 있었다. 대영박물관도 마찬가지가 아닐까. 단지 '그 순간'을 살았을 뿐이고 그 순간들이 점점이 모여 어떤 거대한 결과를 만들어냈기에 그 순간이 곧 '역사'가 된 게 아닐까 생각해본다.

오늘 대영박물관을 생각하며 느낀 것은 순간순간이 소중하다는 사실이다. 대영박물관의 지나간 역사적 순간, 증거물 하나하나가 모여 지금의 대영박물관을 탄생시켰듯이 나에게도 아주 소박한 순간 하나하나가 나의 박물관을 마무리 지을 것이라 믿는다. 지금은 역사적 순간이라는 단어를 붙이기조차 애매할 정도로 평범한 순간이지만 그 하나하나의 힘을 믿을 것이다. 무심코 지나치는 나의 순간, 사람들, 그 모든 풍경들을 사랑해야겠다. 언젠가는 그 모든 것이 '역사적 순간'이 되어 '이상은 박물관'으로 완성될지 모르니.

물론 대영박물관을 예찬할 일만은 아니다. 그리스의 파르테논 신전에서 그대로 뜯어온 대형 돋을새김(릴리프)을 학교 운동장을 방불케 하는 대형 전시실 벽에 고스란히 설치해놓은 모습은 많은 것을 생각하게 하니 말이다. 그래서일까, 과거 영국의 식민지시대의 폐해를 확인할 수 있는 이 공간은 박물관이라는 현대의 거대한 신전을 객관적으로 바라보게 하는 준거점 역할을 한다.

지도를 버려라

나라 크기만큼이나 전시장 크기도 대단한 중국과 인도의 전시실을 천천히 둘러보다가 카페테리아로 향했다. 간단히 점심을 해결하고 나니 정신이 드는 것 같다. 대영박물관을 보는 방법을 터득한 것 같은 기분이 든다.

이상은의 방식은 지도를 무시하는 것. 처음에는 박물관에서 나누어준 지도를 보며 목적지를 정하고 찾아가 보았지만 이 넓은 박물관에서 지도란 길을 찾는 그 이상도 그 이하도 아니라는 생각이 들었다. 그냥 흘러가는 대로 구경하는 것. 그래야 당신이 생각한 그 이상을 볼 수 있다.

전시실을 여러 곳 둘러보는데 누군가가 혼란스러워하고 있다. 그리고 그 옆에 누군가는 어떤 작품에 빠져 그 자리에 아주 오랫동안 서 있다. 같은 공간에서 느끼는 다른 감정. '흘러가듯 구경하는 것'과 '애써 찾으려고 하는 것', 둘의 차이였다. 전시실에 들어설 때 우리 옆에 서 있던 그 여자는 입장과 동시에 위치 안내도를 뚫어져라 쳐다보며 동선 계획을 짜는 듯했다. 어느 전시실에서 시작해 어느 작품들부터 감상해야 빠른 시간에 많은 것을 볼 수 있을까가 그녀의 큰 관심사였다. 그렇게 한참을 서서 동선을 파악한 그녀는 우리와 반대 방향을 택했다. 그랬던 그녀를 다시 만난 건 40분쯤 지나서였다. 동선에 혼란이 생겼는지 이 전시실로 갈까, 저 전시실로 갈까 한참을 망설이는 듯 보였다. 아마 길을 잃거나 동선이 뒤엉켜 아무데도 가지 못하는 것 같았다.

그런 그녀를 보며 안타까워하고 있는데 맞은 편 또 다른 남자가 보였다. 내가 길 잃은 그녀를 응시하는 10여 분간 거대한 작품 앞에 서서 멍하니 그 전시물만 뚫어져라 쳐다보고 있었다. 저 남자에게는 또 어떤 사연이 있을까? 그는 무언가에 홀린 듯 전시물에서 빠져나오지 못한 채 무슨 말인가 혼자 중얼거렸다. 앉아서 보기도 하고, 오른 쪽, 왼 쪽 위치를 바꿔보기도 하면서 작품을 분석했다. 내 좌우를 차지하고 있는 남자와 여자는 그냥 '흘러가듯 구경하는 것' 과 '애써 찾으려고 하는 것' 의 차이를 극명하게 보여주고 있었다.

사소하지만 여행자에게는 아주 큰 차이였다. 무언가를 얻어가기 위해 처음부터 시간의 효율성을 우선시한 그녀는 동선이 엉키자마자 그 자리에 서 있었다. 반면, 흘러가는 대로 이 작품 앞에서는 1시간도 있어 보고, 또 저 작품은 그냥 지나치기도 하면서 아무 목적 없이 지나가듯 작품을 감상하는 남자에게 시간이란 무의미했다. 아, 저거구나. 그냥 나를 맡기는 것. 그 작품에 빠지는 것. 억지로 무언가를 얻으려하기보다 작품 그 자체를 순수하게 감상하는 자세가 필요했다. 그 남자는 몇 작품을 보지 못했겠지만 적어도 그 작품들은 그 남자의 것이 될 것이다. 생각을 바꾸기로 했다.

우리 역시 그랬다. 지도를 버리고 나니 특별한 전시장을 만날 수 있었다. 그중에서도 사람의 건강과 병을 주제로 꾸며놓은 전시장은 정말 특별했다. 커다란 전시장에 사람이 일생 동안 먹는 약을 늘어놓은 곳. 약 주변에는 인디언의 주술복이 함께 전시되어 있다. 우리가 살아가면서 이렇게 자주 아프고, 그때마다 이처럼 엄청난 양의 약을 먹는다는 사실을 눈으로 확인하니 모골이 송연해진다. 당신이 아무리 갖은 약을 투여해도 결국 인간이란 이러이러한 병에 걸려 죽음으로 향하는 문을 열어야 한다고 말하는 것 같아 온몸이 오그라든다. 그 기분을 극대화시켜주는 기기묘묘한 인디언 주술사의 괴기스러운 가면들은 그야말로 압권이었다.

섬뜩한 분위기가 싫어 도망치듯 방을 빠져 나오니 이번에는 로마시대가 낳은 크고 작은 석상들이 기다리고 있다. 숨을 깊이 들이마시고, 마음을 다잡으며 다시 '구경 본능'에 몰두한다. 아, 하지만 이게 끝이 아니다. 이어지고 또 이어지는 전시에 헛구역질이 나올 정도다. 맞다. 이러지 않기로 했는데. '구경 본능'에 집착하기 시작하면 모든 것이 부담이 되고 어떤 의미를 찾아야겠다는 생각부터 든다. 여행자의 마음을 다시 잡아본다. 그냥 느끼자, 빠지자, 그렇게 마음에 담아가자고. 그때마다 주먹을 꼭 쥐고 도전자의 자세로 임해 보지만 우리에게 주어진 시간으로 이 오디세이의 모험을 감당하긴 애당초 불가능한 일이었다. 우리가 그토록 찾아 헤맨 '한국관'을 결국 찾지 못한 것도 우리 탓만은 아니라는 생각이 든다.

대영박물관은 대형 타임머신과 같다. 이곳에 탑승하기만 하면 우리의 뇌 속에서 고이 잠자고 있던 상상력이 꿈틀거린다. 박물관이 자극해주는 영양가 넘치는 지적인 자극도 탐스럽기만 하다. 대영박물관은 한국에서 날아온, 한국에서 음악을 하는, 나 같은 작은 인간도 거대한 인류의 한 부분이라는 자긍심을 갖게 한다. 여행은 나를 조금 더 높은 바다로 이끌어준다.

한국에 있을 때 나의 조상, 나의 인류에 대해 고민한 적이 있다. 나는 누구이며 어디에서 온 사람인지 고민할 때 큰 줄을 타고 올라간 나의 인류는 그저 나의 조상 정도였다. 본 것이 없고 느낀 것이 없는 나로는 나의 부모님, 그리고 부모님의 부모님, 뭐 이런 식으로밖에 줄을 탈 수 없었다. 하지만 대영박물관에 있는 나는 거대한 인류의 한 뿌리였다.

세계가 이렇게 넓고, 난 그 어딘가에 속해 이렇게 여기를 찾아온 것이니, 음악을 하는 나라는 인간도, 한국에서 날아온 나라는 인간도 지금 이 순간만큼은 세계의 한 뿌리였다. 모르는 것을 보고 느끼는 것 자체가 여행의 목적만은 아니다. 이렇게 거대한 무언가에 속할 수 있다는 것,

그리고 거대한 무언가를 느낄 수 있다는 것 그 자체가 여행이고, 결국 여행은 내가 아주 값진 사람임을 알게 한다. 그저 작은 웅덩이가 아니라 수많은 물들이 모여 거대한 바다를 이룬 그곳에 내가 있다는 것. 순간 대영박물관 자체가 하나의 거대한 보물이라는 생각이 들었다. 비록 박물관 곳곳에 오점으로 박혀 있는 서구 중심주의와 인종 차별로 상징되는 낡은 권위주의, 식민지시대의 잔재로 인해 '별 4개' 밖에(?) 줄 수 없지만 언젠가 다시 런던을 찾으면 다시 올 수밖에 없게 만드는 곳임에는 분명하다.

순간 모든 것이 비현실적으로 느껴진다. 기원전 5000년 전을 암시해주는 대영박물관, 18세기의 흔적을 간직한 런던의 거리, 그리고 21세기에 살아 숨 쉬는 나.

어쩌면 인간이란 존재는 시간의 퍼즐 게임 속 작은 구슬과 같은 존재가 아닐까?

자유시간

오늘은 각자 자유시간을 보내기로 했다. 대영박물관을 종일 돌아다닌 후유증이 만만치 않았다. 퉁퉁 부은 다리가 원래대로 돌아가려면 하루를 온종일 바쳐야 할 것 같다. 그렇다고 숙소에 머물 수만은 없는 일. 이게 어떤 시간인데, 우리가 지금 어디에 있는데….
조금은 허덕이는 나와 기정과 달리 영인은 강철 체력을 자랑한다. 어제의 기억이 좋았던지, 다시 '시간 여행'을 떠난단다. 오늘 그녀의 목적지는 빅토리아 앤 앨버트 뮤지엄. 영인은 홍대 앞에서 카페를 운영하기 전 자신이 직접 디자인한 목걸이와 액세서리로 가게를 운영하기도 했다. 이런 그녀에게 박물관과 미술관은 무한한 영감을 불러일으키는 곳인 듯하다. 시간 여행을 떠나는 그녀, 영인을 보며 나도 과연 시간을 여행하고 있는 것인지 아니면 시간을 보내고 있는 것인지 생각했다. 무한한 영감을 얻고 싶은 그녀에게 앞으로 가게 될 빅토리아 앤 앨버트 뮤지엄은 어떤 곳으로 남을까. 아마 큰 것을 얻어오지 못한다고 해도 그곳을 바라보고 구경하는 그녀의 시선이 흐리멍덩하지 않을 것임은 분명하다.

나 또한 그랬다. 누군가의 음악에서 무언가를 찾기 위해, 그를 쫓기 위해 들었던 음악과 공연장은 하나하나가 영감이었다. 누군가에게는 같아 보일지 모르는 무대 하나도 나에게는 미래의 장소가 되었고, 무심히 듣고 넘기는 멜로디와 가사도 나에게는 영감을 불러일으켰다. 목적 없이 구경하는 것도 좋지만, 어떤 것을 창조하기 위해 그것을 닮기 위해 구경하는 것은 또 다른 목적이 된다. 내가 빅토리아 앤 앨버트 뮤지엄에 들른다면 그저 시간 보내기에 급급하겠지. 하지만 가기 전부터 설레어 하는 그녀에게 그곳은 시간을 여행하는 곳이다. 그곳에서 시간을 여행한다는 그녀의 말에 '꿈이 있는 사람', '느끼고 싶은 것이 있는 사람'이 얼마나 소중한 사람인지를 느꼈다. 어려운 것이 아니다. 자신이 무엇을 좋아하고 보려 하는지만 알면 된다.

기정과 나는 다시 코벤트 가든 근처에 가기로 했다. 서울에서도 함께 일하는 사이여서인지 여행을 즐기는 방식과 흥미를 느끼는 방향성이 얼추 비슷하다. 여행지의 가장 '핫'한 거리에서 트렌디한 가게들을 찾아, 갓 나온 뜨끈뜨끈한 디자인으로 무장한 물건들을 보고 싶어 하는 게 너무 비슷하다. 하지만 오늘도 코벤트 가든으로 가는 길을 단번에 찾지 못했다. 옥스퍼드 서커스의 톱 숍을 한 번 더 들르고, 걸어서 코벤트 가든을 가려 했건만 코스의 난이도가 우리의 예상을 뛰어넘는다. 하지만 역시 여행자에게 길을 잃음이란 선택이 아닌 필수라는 생각이 든다. 코벤트 가든을 찾아 가던 중 우리는 그 유명하다는 런던 정경대를 지나치게 되었다. 'LES'라는 글씨가 새겨진 건물 앞에서 둥둥둥 북소리가 울리고, 왁자지껄 한바탕 노래와 춤이 펼쳐지고 있었던 것. 각국의 민속의상을 입은 까무잡잡한 피부의 남자들이 생전 보기 힘든 희한한 춤사위로 노래를 부르고 있었다. 역시 피부색이 다른 학생들과 영국 학생들이 음식을 먹으며 웃으며 구경하고 있다. 작은 축제가 열린 것 같다. 낮은 계단에 철퍼덕 앉아 한가롭게 시간을 보내는 학생들 틈에 끼어 보고 싶은 열망이 타오른다. 세상 어디를 가든지 대학이란 자유로운 공기가 느껴지는 곳이다. 특히 우리처럼 거의 모든 학생이 한국인으로 채워지는 곳과 달리 이 나라처럼 다민족이 함께 공부하는 곳은 분명 뭔가 다르다. 개방적이고 진취적인 인상을 강하게 풍긴다. 열린 마음으로 공존하지 않는다면 나의 생존도 힘들다는 걸 이들은 온몸으로 알고 있는 듯하다.

8년 전 런던에 있을 때 지하철에서 만난 남자가 생각난다. 어느 나라에서 왔는지는 모르지만 런던 시민이 아닌 것만은 분명했다. 노트에 끼적이는 메모도, 그가 가지고 있는 음반에 적힌 언어들도 모두 타국의 언어인 듯 보였으니까. 어딘가 익숙하지 않은 옷차림과 머리 스타일이 눈길을 끌었다. 내 옆에 앉아 가던 그는 고국의 음악에 빠져 그곳을 그리워하는 것 같았다. 그렇게 런던이라는 곳에서 자신의 나라를 그리워하며 고국의 노래에 빠져 있는 그가 어딘지 모르게 쓸쓸해보였다. 길을 지나도 런던 음악이 들릴 것이고, 레스토랑에 가도 메뉴판에는 모두 이방의 언어가 가득할 텐데 그는 어떤 느낌을 가질까. 내가 보기에 그는 잠시 고국으로 돌아간 것이 아니라 지금도 고국에 살고 있는 듯 보였다. 그의 가방에서 나오는 물건 하나하나가 모두 아직 런던에 적응하지 못했음을 알게 했다. 8년 전 나도 그처럼 그랬겠지. 런던 음악을 듣고 런던 레스토랑을 가도 내 마음엔 런던이 없었으니. 나를 둘러싼 환경이 어렵고 힘들어도 난 런던이라는 곳에 나를 고스란히 담아야만 했다. 하지만 그러지 못하고 매순간 순간마다 한국만을 떠올렸던 나는, 결국 다시 한국을 찾을 수밖에 없었다. 다시 한 번 다짐해본다. 이번에는 런던 그 자체에 나를 녹여보기로.

코벤트 가든은 역시 우리의 기대를 저버리지 않았다. 작고 사소한 물건들에도 '디자인'의 힘이 넘쳐났다. 유명 브랜드 매장들 사이에서 자신이 직접 디자인한 티셔츠를 파는 가게, 세계 각국에서 특별히 엄선한 문구류만 취급하는 가게, 당장 집안을 통째로 바꾸고 싶게 만드는 인테리어 소품을 파는 가게들이 너무나 사랑스럽다. 그 가운데 당당히 서 있는 '아트박스'라는 우리나라의 팬시 전문점이 얼마나 반갑던지!

내가 런던을 좋아하는 이유는 다채롭기 때문이다. 오랜 시간 음악에 나를 맡기고, 또 음악으로 나를 표현해왔던 나는 음악이 아니고서는 나를 표현할 수 없다 생각했다. 내 생각을 가사에 담고, 내 감정을 멜로디에 담으며, 그렇게 음악만을 내 상징으로 삼았다. 하지만 런던은 날 다시 놀라게 했다. 사소한 물건에도 자신을 담아내는 사람들이 있었던 것이다. 유명 브랜드들이 모여 있는 화려한 그곳에서 묵묵히 자신의 스타일이 담긴 티셔츠를 파는 남자가 있었다. 유명한 브랜드보다 정돈된 옷도 아니고 그를 찾는 사람도 몇 명 없었지만 그의 눈은 빛났다. 똑같이 만들어지는 상품이 아닌, 자신의 감정과 그날의 기분에 따라 조금씩 달라지는 그의 티셔츠들은 그를 대변해주는 하나의 결과물로 다가왔다. 유명 브랜드 옷가게 사이에서 묵묵하게 자신의 스타일을 고집하는 남자를 보며 왜 난 그러지 못했을까 돌아본다. 유명한 뮤지션을 보며 왜 나는 그러지 못할까 한탄했던 적이 있다. 뛰어난 천재 음악가를 보며 나를 비교했던 때가 있었다. 남는 것은 우울함과 낙담뿐이었다. 조금 늦게 알았다. 다른 사람의 음악이 어떻든 나의 음악을 만들어가는 것이 결국 나를 만드는 것이라고. 티셔츠를 파는 그 남자는 그렇게 내게 말하고 있었다.

뉴욕에 갈 때마다 즐겨 찾는 어반 아웃 피터스 매장도 이곳에 있다. 소닉 유스의 앨범 표지를 프린트한 티셔츠가 내 마음을, 아니 내 지갑을 심란하게 한다. 거금 40파운드를 지불해야 살 수 있다. 햄릿이 되살아난 듯 심각한 고민에 빠진다. 사느냐 마느냐 그것이 문제로다. 하지만 꾹 참았다. 여행을 무사히 마치려면 참아야 하느니라. 이럴 땐 어서 이곳을 빠져 나와야 한다. 커피 한 잔을 사서 어디엔가 앉아야 한다. 눈앞에 어른거리는 그 잔상들을 잊어야 한다. 커피를 사서 작은 광장 한가운데 서 있는 동그란 조각상 밑에 앉아 거리를 감상한다. 곧이어 내 옆에 여행 온 소녀들이 주르륵 앉는다. 함박웃음을 지으며 사진을 찍는 모습이 싱그럽다. 아, 이제 보인다. 이들은 여행자이고, 무뚝뚝한 얼굴로 제 갈 길을 묵묵히 걷는 저들은 런더너들이다. 이제 조금 구별이 간다.

우리도 코벤트 가든 같은 곳이 있으면 좋겠다. 한 가지 아이템을 전문으로 취급하는 가게가 성공할 수 있는 거리가 있으면 좋겠다. 미술용품만 파는 런던 그라픽스, 수백 가지 색깔의 양말과 스타킹, 레깅스만 파는 가게, 전 세계의 차(tea)만 모아놓은 가게처럼 하나하나 개성이 넘치고 소비자에게 신뢰받는 가게들이 모여 있는 거리가 있으면 좋겠다.

홍대 앞 거리의 한 부분이 아닌, 상업성을 대놓고 드러내는 상가가 아닌, 우리는 물론 전 세계 관광객이 한 번쯤 찾고 싶은 곳, 반드시 그곳에서 쇼핑하고 싶은 곳이 자생적으로 생겨났으면 좋겠다. 제발….

아무것도 멈추어 있지 않은 우주

나는 왜 멈추어 있어야만 하나?

플라즈마 구름

태양풍의 파도

그 흐름 속 나는 작은 입자

***

하지만 인간은 인간다워졌나?

사랑은 더욱 사랑다워졌나?

영원과 순간의 아마겟돈

그것은 옛날부터의 질문

설탕처럼 반짝이는 일루미네이션

'눈을 떠' 라는 건물 벽의 인스피레이션

금빛 모래사막의 도시

코스믹 노마드

평화가 비즈니스인 바벨의 스마트폰

***

하지만 인간은 인간다워졌나?

사랑은 더욱 사랑다워졌나?

영혼을 잃으면 영원을 잃고

사랑을 잃으면 영혼을 잃지

_ 이상은 'Cosmic Nomad' 중에서

전화가 왔다.

문화인류학을 공부하는 동글동글한 아이가 소개할 사람이 있으니 자기가 다니는 학교로 놀러오지 않겠느냐는 것이다. 8년 전이라면 런던의 대학에 관심이 갔겠지만, 지금의 나는 대학식당에서 싼 값에 맥주를 마실 수 있다는 말이 더 끌렸다.

약속 장소는 런던대 바로 앞 버스 정류장. 갑자기 싸늘해진, 어느새 차가운 빗방울을 동반한 날씨가 우리를 교정 안으로 자꾸만 밀어 넣는다. 하지만 버스 정류장에서의 시간은 좀 더 길어졌다. 동글동글 아이 왈, 우리에게 소개할 아이가 교내에서 열리고 있는 한국의 예술영화 상영회에 가 있어 데리고 와야 한다는 것. 다시 기다림의 시간. 얼마가 지났을까. 오들오들 떨면서 기다리니 저편에서 두 사람이 걸어온다. 앗! 이게 웬일인가? 멀리서도 한눈에 알 수 있을 만큼 미모가 출중한 미소년이 동글동글 아이와 함께 오고 있다. 귀공자라는 단어는 이럴 때 쓰는 건가 보다.

사실 8년 전이나, 지금이나 런던의 남자들이 잘 생겼다는 생각은 해본 적이 없다. 남남북녀라는 말은 이곳 유럽에서도 통하는 듯했다. 이탈리아 등 남쪽의 남자들이 북쪽의 남자들에 비해 좀 더 달콤하게 생긴 것 같다는 생각은 나만의 생각이 아닐 것이다. 북유럽에 훌리건이 많은 이유도 폭력성으로 여성의 시선을 끌려고 하는 거라는 이야기가 생각난다. '영국 신사'라는 말도 실제로는 바이킹의 호전적인 피를 가진 조상을 두어 거친 본성을 가진 영국인들이 '교화'에 힘쓴 결과라는 말도 있지 않던가?

음… 이야기가 잠시 샜다. 런던에서 삼천포로 빠진 기분. 식당에 자리를 잡았다. 어색한 분위기를 깨기 위해 동글동글 아이에게 함께 온 친구의 소개를 부탁했다. 그런데… 헛! 미소년의 정체는 우리의 눈과 귀를 의심케 하기에 충분했다. 그는 바로… 전설적인 밴드 '레드 제플린'의 기타리스트 지미 페이지의 아들이셨다! 동글동글 아이가 왜 우리에게 이 미소년을 소개시켜준다고 했는지 고개를 끄덕일 수밖에 없었다. 전혀 예상치 못한 만남에 우리 셋은 놀란 가슴을 진정시키기 위해 조용히 맥주를 주문했다. 지미 페이지의 영혼이 고스란히 밴 듯한 핏줄을 만나다니….

역시, 이곳은 런던이었다!

이상은만의 음악

런던의 대학식당.
벽은 각종 소식을 알리는 과거와 현재의 전단지로 도배를 한 듯했다. 뮤직비디오가 끊임없이 흘러나오는 텔레비전도 이곳이 젊은이들의 천국임을 알려주었다. 여기저기서 대화를 나누는 학생들의 모습은 '자유'라는 말이 사전에서 뛰쳐나온 것만 같았다. 얼마 만에 와본 대학인가? 모든 공간에는 그만의 분위기와 상징이 있다. 내게 무대는 남과 공감하는 곳인 것처럼 대학은 역시 열정의 공간이다. 내가 여행을 좋아하는 이유는 그처럼 공간에 숨어 있는 상징을 찾기 위해서인지도 모르겠다. 대학에서 펼친 사전에서 '자유'라는 단어를 찾았듯, 내가 닿는 모든 곳에서 사전을 펼쳐본다. 어떤 명사, 형용사가 떠오를지는 아무도 모른다. 그것이 설렌다. 가보지 않은 곳에서, 혹은 익숙한 공간에서 날 찾아오는 그런 특유의 분위기가 나는 좋다. 여행의 참맛이다.

지미 페이지의 아들은 실제로도 귀공자였다. 제인 오스틴의 소설 속 남자 주인공이 환생한 듯한 귀족적인 영어 발음, 나긋나긋한 음성, 다소곳한 태도, 바른 몸가짐이 너무도 우아했다. 초면에 아버지에 대해 묻는 건 실례인 것 같아 우리의 대화는 온통 그 친구가 관심 있다는 한국 영화와 내가 관심이 있는 런던의 클럽 이야기로 집중되었다.
한국 영화를 향한 미소년의 관심은 놀라웠다. 솔직히 말해 우리보다 더 많이 알고 있었다. 1990년대 데뷔한 강우석, 김의석 감독은 물론 박찬욱, 봉준호, 김지운 등 예술성과 상업성을 고루 겸비한 트로이카 감독, 그리고 2000년대 말 등장한 젊은 감독들의 이름이 줄줄이 나왔다. 한국의 예술영화에 관심이 많다는 그답게 독립영화로 큰 성공을 거둔 〈워낭소리〉에 대한 질문도 이어졌다. 미소년은 한국 영화가 어떤 나라보다 '세대교체'가 매끈하게 잘 이루어지는 것 같다고 부러워했다. 박찬욱, 봉준호, 김지운 감독이 건재하는 가운데 1970년대에 태어난 젊은 감독들이 그들과는 다른 차원의 영화를 통해 대중의 사랑을 받는 것에 대해 놀라워했다. 그가 정확히 이름을 떠올리지는 못했지만 그는 〈추격자〉의 나홍진 감독(1974년생), 〈작전〉의 이호재 감독(1973년생), 〈과속 스캔들〉의 강형철 감독(1975년생) 등 한국의 젊은 감독이 만들어내는 '새로운 스타일'의 영화에 큰 관심을 보였다. 불과 몇 년 전의 영화에 비해 전혀 다른 화법과 속도, 리듬감을 가진 영화가 나오는 데 대해 흥미를 보였다.

그건 한국 영화뿐만 아니라 내가 깊이 발을 담그고 있는 대중음악에서도 발견할 수 있는 현상이다. 나는 이러한 현상을 '세대 차이'라는 말로 정의하곤 한다. 지금 한국의 대중문화는 그 어느 때보다 대중문화를 대하는 태도, 대중문화를 규정짓는 정의가 다른 세대의 수용자를 상대하고 있다. 모든 문화적 현상을 장악한 디지털 문화로 인해 수용자의 연령층이 낮아졌다. 그들이 문화를 소비하는 방식 또한 그 어느 때보다 빨라졌다. 물론 이를 탓할 생각은 없다. 대중문화란 결국 대중과 소통하는 것을 목적으로 삼고 있는 예술이니까. 하지만 옥석은 가려야 한다는 게 내 생각이다. 런던의 대학생이 관심을 가질 정도로 새로운 스타일의 대중문화가 한국에서 잉태되는 만큼 너무도 빠른 대중의 관심으로 인해 주목은커녕 생존조차 하기 힘든 대중문화도 많다는 사실을 무시해서는 안 될 것이다. 물론 나 역시 오늘날 한국 영화와 대중음악에서 나타나고 있는 새로운 이야기와 소통 방식이 흥미롭다. 그러한 변화를 재촉하는 새로운 관객들의 정체가 궁금하다. 상업성을 원하면서도 그에 못지않은 작품성을 원하는 그들이 두려운 것도 사실이다.

변화. 뮤지션 이상은에게도 변화는 필수적이다. 8년 전 런던을 찾았던 것도, 8년 후 다시 런던을 찾은 것도 삶과 음악에 변화가 필요하다는 증거인지도 모른다. 하지만 변화하고, 발전하는 것도 중요하지만 뮤지션 이상은에게 가장 중요한 것은 세월이 지나도 변하지 않는 '이상은만의 음악'일 것이다.

'이상은만의 방식'으로 '이상은만의 음악'을 하는 것.
미소년과의 대화는 마치 기나긴 터널을 빠져나온 것 같은 청량함을 안겨주었다.

워킹 타이틀

"로맨틱코미디, 그거 뻔한 영화 아냐?"

누구의 말도 아니다. 바로 내 입에서 나온 까칠한 얘기다. 로맨틱코미디를 향한 나의 편견은 언젠가부터 소신으로 진화해 오늘에 이르렀다. 하지만 로맨틱코미디를 그저 그런 영화로 여기는 '오만과 편견'도 '워킹 타이틀'이라는 영국이 자랑하는 아이콘 앞에서만큼은 고개를 숙이게 된다. 워킹 타이틀은 "여자뿐 아니라 남자 관객도, 20대 커플뿐 아니라 30대 외톨이 관객도 즐겁게 하는 로맨틱코미디의 고향"이라고 불린다. 〈네 번의 결혼식과 한 번의 장례식〉, 〈노팅 힐〉, 〈브리짓 존스의 일기〉, 〈어바웃 어 보이〉, 〈러브 액추얼리〉…. 이 영화들이 워킹 타이틀이라는 뿌리에서 만개한 탐스러운 열매라는 건 삼척동자도 아는 사실이다.

영국의 인디 프로덕션으로 출발한 워킹 타이틀의 시작은 너무도 미약했다. 하지만 워킹 타이틀은 한 편 한 편의 영화를 세상에 내놓을 때마다 '신화'를 만들어 나갔다. 휴 그랜트, 콜린 퍼스, 리처드 커티스, 헬렌 필딩, 닉 혼비, 조 라이트 등 영국 대중문화의 스타들이 워킹 타이틀의 영화를 통해 영국을 넘어 지구촌 곳곳을 누비고 다녔다. 이들이 워킹 타이틀이라는 병풍 아래 배우로, 감독으로, 원작자로 씨실과 날실을 이어가며 만든 영화들은 보는 이를 분노케 하는 데 일가견이 있는 할리우드 영화와는 확실히 달랐다.

우선 이들의 영화는, 아니 예술은 인간적이다. 현실적이다. 현란한 영상과 갖가지 장치로 보는 이를 얼얼하게 만드는 영화들이 판을 치는 이 때 워킹 타이틀의 영화는 간을 덜 뿌린 듯한 심심함이 있다. 하지만 냉혹했던 경제 위기, 그리고 그 틈을 타 인간의 상상력을 억누른 저 유명한 '철의 여인' 대처 정부 시절을 견딘 이들에겐 내일을 향한 꿈이 있었다. 그리고 그 꿈을 이루기 위한 '실사구시'의 전략이 있었다. 현실적으로 영화를 만들되, 제대로 된 '영국 영화'를 만들자는 다짐이 있었다. 때마침 수상 토니 블레어가 외친 '쿨 브리튼Cool Britain'이 이들을 도왔다. 워킹 타이틀의 영화가 우리가 살아가는 사회가 지금보다 좀 더 진보해야 한다는 믿음을 담고 있었기에 가능한 일이었다.

워킹 타이틀의 영화에는 잔잔한 웃음이 있다. 동시에 지금 우리의 사는 모습을 고민케 하는 진지함이 있다. 그리고 누구라도 실천할 수 있는 삶의 대안을 내놓는다. 지금도 가끔씩 DVD를 꺼내어 보곤 하는 휴 그랜트의 〈어바웃 어 보이〉는 38살의 바람둥이 백수 윌과 우연히 만난 소년 마커스의 이야기이다. 이 대책 없는, 하지만 여성들의 애정지수 극한을 자극하는 남자가 우여곡절 끝에 다다른 결론은 참된 사랑에 눈을 뜨는 것이다. 얼마든지 예상 가능한 줄거리다. 동서고금, 남녀노소 모두 고개를 끄덕일 만한 내용이다. 하지만 워킹 타이틀의 영화가 남다른 건 영화 속 윌이 끝까지 '섬'으로 남는다는 데 있다. "혼자 또 같이Alone

Together!"를 외치며 살아온 독신부모 클럽의 윌이 한 명의 소년으로 인해 목숨을 바칠 만한 사랑을 얻는다는 게 비현실적이라는 걸 워킹 타이틀은 잘 알고 있었다. 더 놀라운 건 '섬'이라는 자신의 삶의 방식을 고수하기로 한 윌이 자신과 똑같이 '섬'처럼 살아가는 이들(결국 우리!)과 독립적으로, 함께 어울려 살기로 결심한 것이다. 나 홀로 살아도 얼마든지 세상은 따뜻할 수 있음을, 영화는 보여주었다. 이 영화가 마음에 쏙 들었던 건 순전히 이 때문이다. 영화를 가장한 불가능한 판타지로 현실을 아름답게 그리기보다 주어진 현실을 묵묵히 받아들이되, 그 속에서 고민하고 실천할 수 있는 삶의 방식을 제안하는 워킹 타이틀의 솔직함이 마음에 들었다.

워킹 타이틀은 런던의 도시적 미학을 성취한 영화로도 유명하다. 워킹 타이틀이 영화 속 무대로 즐겨 잡는 런던은 비루한 일상을 살아가는 영화 속 주인공들이 살을 부비며 살아가는 가장 이상적인 장소로 승화되어 우리의 동공을 자극한다. 재기발랄한, 해서 언제든지 분기탱천할 수 있는 청춘의 사랑이 아닌, 세상이 조금씩 무서워지기 시작한, 그래서 앞으로 나갈 일보다 한 걸음씩 뒤처지는 것을 걱정해야 하는 나이 든 도시 남녀의 너무도 평범한 사랑과 현실이 모두 '런던' 안에서 이루어진다. 그래서 조심해야 한다. 세상의 모든 것이 아니고, 단 한 사람만 사랑하겠다는 우리의 소박한 바람이 어그러질 때 워킹 타이틀의 영화를 보아서는 안 된다. 지금 내게 주어진 모든 사회적 의무를 팽개치고 런던행 비행기에 올라타고 싶은 욕망을 주체하지 못하는 건 분명 고통스러운 일일 테니까 말이다.

런던에 와보니 워킹 타이틀의 영화가 우리 곁을 찾아온 이유를 알 것도 같다.

테이트 모던 데이

오늘은 테이트 모던을 방문하는 날.
날씨는 어제와 일란성 쌍둥이처럼 닮아 있다. 춥고, 바람 불고, 비가 내린다. 하늘은 다크 그레이 물감을 잔뜩 섞어 놓은 것 같다. 전형적인 런던의 날씨.

- 이제는 런던의 버스를 기다리는 법을 배운 것 같아.

한참을 기다려도 오지 않는 버스를 기다리며 기정이 한마디 던진다. 워낙 느리고, 심지어 도중에 아무 이유 없이 하차를 명하는 런던의 버스를 상대하다보니 이제는 와주는 것만으로도 감사하다. 역시 사람은 적응의 동물인가 보다.

버스 안에서 지도에서 눈을 떼지 않은 결과 정확히 세인트 폴 성당 앞에 내렸다. 다이애나 황태자비가 결혼식을 올린 곳. 하지만 오늘 우리의 관심은 그녀의 비극적인 흔적이 배어 있는 화려하고 우아한 이 건물이 아니라 '테이트 모던'이다. 다이애나에겐 미안하지만 한 장의 사진도 찍지 않고 곧장 밀레니엄 브리지로 걸어갔다.

밀레니엄 브리지와 테이트 모던은 마치 전혀 다른 세상을 조합해 놓은 것 같았다. 미래 도시의 냄새를 물씬 풍기는 밀레니엄 브리지와 공해 문제로 문을 닫아야만 했던 낡은 발전소를 개조한 테이트 모던은 묘한 조화를 이루고 있었다. 마치 매트릭스의 한쪽과 또 다른 한쪽을 동시에 공유한 기분이었다. 밀레니엄 브리지 끝에서 빨간 약을 먹으면 전화선을 타고 테이트 모던이라는 세상으로 미끄러져 들어가는 게 아닐까, 라는 상상을 해본다.

미술관 안으로 조심조심 들어갔다. 지하철역에 들어가듯 아래로 향한 복도를 따라 내려가게 되어 있는 입구부터 모던하다. 우리를 제일 먼저 반긴 건 비행기의 격납고처럼 웅장한 공간. 이곳이 발전소였다는 사실을 일깨우는 공간이다. 5층 건물 높이의 조각 작품이 공상과학 영화 속에 들어온 것 같은 착각을 불러일으킨다.

테이트 모던이 마음에 드는 건 고급 호텔이나 레스토랑을 떠오르게 하는 현대적인 공간에 편안함을 가미했기 때문이다. 위압적이지도 않지만 가볍지도 않은 실내 공간이 놀라울 따름이다. 철저한 계산에 따른 배치로 천장에 붙어 있는 조명도 한 폭의 미술 작품처럼 다가온다. 테마 색 역시 이곳이 런던임을 일깨워주는 와인 빛이 감돌면서 달콤하게 짙은 붉은 색을 사용해 경쾌하고 활기가 넘친다. 각 층의 전시실과 복도에는 재미난 미술 실험을 할 수 있는 코너와 책을 볼 수 있는 테이블과 의자, 어린이들이 마음껏 뛰놀 수 있는 놀이터가 있어 독특하면서도 친근하다. 작품을 쉽게 검색할 수 있는 간편하면서도 깔끔한 터치스크린 컴퓨터도 실용적인 멋을 자아낸다. 그리고 이곳 공간에 딱 어울리는 관객들의 스타일까지….

관객들은 마치 놀이공원에 온 것 같은 행복한 표정으로 미술관 곳곳을 누비고 있다. 그림 앞에 앉아 자유롭게 스케치를 따라 하는 그들의 자유분방한 모습은 고정관념을 깨는 실험적인 현대미술과 조화를 이루어 더욱 아름답게 다가왔다.

테이트모던은 미술관이란 모름지기 권위와 친근함을 동시에 갖춰야 한다는 지극히 당연한 사실을 말 없이 보여주고 있었다.

장소를 이동하기 전 카페에 앉아 이것저것 계획을 짜기로 했다. 수첩을 하나 펴들고 이런저런 생각을 하는데 하늘 위로 풍선이 하나 올라간다. 작은 행사를 알리는 풍선 같은데, 순간 그동안 느끼지 못했던 어떤 벅찬 감정이 느껴졌다. 풍선을 별로 좋아할 나이도 아니고, 그렇다고 대단한 축제를 알리는 풍선도 아니었는데 이 벅찬 감정은 어디에서 온 걸까.

한국에서도 비슷한 풍선을 본 기억이 있다. 여느 축제장에나 있는 풍선들이기에 나에게 대단한 것도 아니다. 하지만 오늘 런던의 한 카페에 앉아서 본 이 풍선은 무엇을 말해주는 것일까? 다시 찾은 런던에서 더 높이 날고 싶었던 꿈이었을까.

여행이라는 게 그런 것 같다. 내 나이, 나의 상황, 그리고 내 성격을 잊게 되는 것. 그냥 그곳에서 느끼는 나의 감정과 본연의 모습을 보게 되는 것. 만약 한국에서 이랬다면 친구들은 분명 웃었겠지. 이 풍선을 타고 어디론가 날아가는 모습을 상상했다는 걸 안다면…? 하지만 이곳은 런던. 그냥 오늘은 하루 종일 풍선 위에서 훨훨 날아올라야겠다.

영국 문화의 화룡점정

테이트 모던! 템즈 강 서남쪽에 자리 잡은 테이트 모던은 공간 자체가 영국의 새로운 상징으로 불린다. 이곳에서는 온갖 문화적 실험이 다채롭게 이루어진다. 이곳이 1981년 공해 문제로 문을 닫은 '뱅크사이드' 화력발전소를 개조해 미술관으로 개관했다는 건 더 이상 뉴스거리가 아니다. 영국의 명물로 꼽히는 빨간 공중전화 부스를 디자인한 자일스 길버트 스콧경이 1947년에 설계한 발전소가 1994년 스위스의 자크 헤르조그와 피에르 드 뫼롱의 창조적인 아이디어로 미술관으로 바뀌는 과정은 한 편의 근사한 '예술 영화'를 보는 것 같았다. 발전소의 기계 설비가 여전히 남아 있는 공간에서 파블로 피카소, 로이 리히텐슈타인 등 20세기 현대미술의 대가들의 작품이 공존한다는 건 생각만 해도 가슴이 두근거리는 일이다.

하지만 테이트 모던이 대단하다고 여겨지는 이유는 발전소를 개조한 것도, 현대미술의 보고로 불리는 거대한 컬렉션 때문만은 아니다. 그보다는 테이트 모던 자체가 런던 시민들에게 하나의 거대한 '예술 놀이터'로 기능한다는 데서 그 존재 이유를 찾을 수 있다. 우선 미끄러지듯 들어가도록 만든 입구부터 다르다. 낮게 경사진 1층 입구 '터빈 홀'은 '권위'라는 이름의 두툼한 외투를 벗어던지고 산뜻하게 옷을 갈아입은 예술의 향기가 고스란히 느껴진다. 부모 손에 이끌려 미술관을 찾은 아이들은 천진난만한 표정을 지으며 미술관 입구를 마음껏 뛰어 다닌다. 8년 전 이곳을 찾았을 때에도 예술가들이 직접 만든 재미난 모양의 탁구대에서 탁구를 치는 가족과 블로 사커blow soccer, 입으로 불어 골을 넣는 축구 시합를 즐기는 아이들, 그리고 과일과 채소가 놓인 장기판을 두는 부부의 모습을 보며 부러워했던 게 생각난다.

테이트 모던이 다시 태어난 데에는 '유리'라는 지극히 간단한 도구의 공이 컸다. 낡은 공장의 벽에 유리를 덮는 것만으로도 옛것과 새것은 확실한 조화를 이룬다. 2000년 5월 12일 개관한 테이트 모던은 대성공이라는 단어가 딱 어울린다. 당시 개관하자마자 4일 만에 무려 12만 명의 관람객이 다녀갔을 정도로 현대미술의 진수를 선보이는 공간으로 자리 잡았다. 테이트 모던의 성공으로 인해 런던의 미술관 및 박물관 관람객은 해마다 20퍼센트의 성장률을 보이고 있다고 한다. 이래저래 입이 딱 벌어지는 부러운 일이 아닐 수 없다.

1990년대 yBayoung British artists, 즉 영국의 젊은 예술가들이라는 신조어를 탄생시키며 세계미술계를 선도했던 영국미술이 테이트 모던으로 인해 '화룡점정'을 찍었다는 얘기가 나오는 것도 그저 허풍은 아닌것 같다.

악동, 데미안 허스트

영국현대미술의 성공은 우연이 아니었다.

우선 전 세계 미술계를 놀래킨 기발한 예술가들이 있었다. 도발적인 성적 메시지로 남성 중심적인 사회에 경종을 울린 트레이시 에민, 그가 떴다 하면 화제가 되는 데미안 허스트, 거대한 소년상과 극도로 작은 신체 조각을 자유자재로 오가는 론 뮤엑 등은 길버트 앤 조지 이후 대가 끊긴 줄 알았던 영국현대미술의 체면을 되살려준 예술가들이었다.

아무도 이들에게 관심을 갖지 않았을 때 이들의 가능성을 눈여겨보고, 전폭적인 후원을 아끼지 않은 '사치 갤러리'의 공도 무시할 수 없다. 여기에 마치 영화의 아카데미상 같은, '터너 프라이즈'를 만들어 그들의 작품성을 '공인'해주고, 이를 다시 전 세계에 중계해준 미디어의 도움도 영국현대미술의 오늘을 있게 한 일등공신이라 할 만하다. 마취액에 상어를 통째로 담그고, 코끼리 똥으로 성모상을 그리는 등 예술가들의 기발한 발상도 독특했지만, 세상 밖으로 나오는 데 서툰 예술가들을 현대 미술사를 바꾸는 '아이콘'으로 만들어준 영국의 '예술 마케팅'은 분명 깊이 연구할 만하다.

그런 작품들을 보며 놀란 것은 나만이 아니겠지. 처음엔 무엇을 말하려 하는 건지, 굳이 저렇게 잔인하게 표현을 해야 했는지 생각했다. 하지만 이상하게도 그런 작품들을 본 후 많은 생각을 하게 됐다. 작품을 본

후 며칠이 지나도 다시 생각나고, 혼자 그 작품에 대해 고민한다. 그렇다. 그런 작품들은 나만의 개성, 나만의 콘셉트를 찾게 해준다. 모두가 똑같이 보고 같은 메시지를 떠올리는 작품도 좋다. 모두를 공감하게 하는 것은 위대하며 대단한 일이니까. 하지만 어딘가 모르게 생소한 이런 작품들은 관람하는 사람이 각각 다르게 느낄 수 있다. 자신이 지금까지 봤던 것, 생각했던 것을 총동원해 작품을 해석할 테니까 말이다. 같은 것을 보고 다르게 느끼는 것, 그래서 결국 나의 경험과 느낌을 소중하게 만들어주는 것. 그것이 바로 이 작품들의 매력이다.

영국의 기라성 같은 예술가 중에서도 지금도 회자되는 것은 앞에서도 언급한 데미안 허스트이다. 데미안 허스트는 영국현대미술의 상징이다. 방부제를 채운 대형 수족관에 죽은 상어가 둥둥 떠다니는 그의 〈상어〉는 2005년 어느 미국인에게 무려 700만 파운드(약 140억 원)에 팔렸다. 데미안 허스트가 생존 작가라는 점을 감안하면 실로 엄청난 액수이다. 살아 있는 작가 중에서 그림 값이 비싸기로 소문난 독일의 게르하르트 리히터의 작품이 불과(?) 몇 십억 원에 팔린다는 점에서 그의 위상이 어느 정도인지 짐작할 수 있다. 우리가 흔히 '상어'라고 부르는 이 작품의 원제는 '살아 있는 자의 마음속에서 불가능한 육체적 죽음'이란다. 길면서도 어딘지 심오해 보인다. 흥미로운 건 이 작품을 세계적인 컬렉터 찰스 사치가 1991년에 사들일 때의 가격이 5만 파운드(1억 원)

였다는 것. 물론 1억 원이란 액수도 우리에겐 어마어마하지만 14년 만에 140배의 수익을 올렸다는 점에서 혀를 내두르게 된다. 이쯤 되면 그림이 아니라 세계적인 다국적 기업의 '블루칩' 주식이나 다름 없을 것 같다.

데미안 허스트를 좋아하지 않는 이도 많다.
그의 이름을 들으면 엽기, 충격이라는 단어가 생각난다며 손사래를 치는 이도 내 주변에 많다. 솔직히 나도 이 친구가 막 땡기지 않는다. 소, 양, 돼지, 상어 등 짐승을 죽이고, 그걸 통째로 혹은 반으로 잘라 포름알데히드 액이 들어 있는 수족관에 넣겠다는 발상을 예술의 자유로 받아들여야할 지를 놓고 고민한 적도 있다. 하긴, 이 정도면 양반이다. 〈100년〉이라는 작품에서 허스트는 유리관 속에 파리를 집어넣고 길렀다. 어느 정도 자란 파리는 결국 그 안에 설치된 전기 '파리 잡기'에 감전되어 죽고 말았다. 〈1000년〉이라는 작품은 〈100년〉에 비해 그 공포의 강도가 10배는 더했다. 소의 머리를 잘라 유리관 속에 넣고 그 안에 파리떼를 집어넣어 그 파리떼마저도 죽이는 행동을 마다하지 않은 것이다.

분명한 건 허스트의 작품을 통해 우리는 우리가 살아가는 현대 사회의 으스스한 공포를 느낄 수 있다는 것이다. 그의 작품에서는 '죽음'이 갖는 고약한 냄새가 계속해서 풍겨 나온다. 그게 사람들의 마음을 잡아끌고, 동시에 밀어낸다. 그보다 더 분명한 건 그와 같은 '슈퍼스타'가 예술을 향한 대중의 호기심을 자극하는 데 특효약이라는 것이다. 그는 무엇을 해도 뉴스거리가 되는 몇 안 되는 예술가이다. 약국Pharmacy이란 카페를 운영했다가 문을 닫는 날 술잔은 물론 화장실 문까지 경매에 부쳐 1100만 파운드(약 220억 원)를 벌었다는 건 이미 알려진 사실이다.

세상 사람들도 이를 잘 아는 듯하다. 몇 년 전, 허스트가 뉴욕에서 개인전을 가졌을 때 세상은 찬사와 혹평을 동시에 선사했다. 전시 오프닝에는 수천 명의 사람들이 몰려들었다. 평론가들은 날이 선 비판을 가했다. 인간의 신체 장기와 마약으로 망가져 가는 여성의 얼굴이 실린 신문이나 잡지의 사진을 베껴 그대로 그린 게 과연 작품이냐는 것이다. 그런데도 그의 작품 31점은 전시가 열리기 전 이미 '매진' 되었다. 그를 둘러싼 세상의 요동치는 반응을 아는지 모르는지 그는 뉴욕 전시 오프닝을 마치고 멕시코에 있는 자신의 별장에서 푹 쉬다 왔다고 한다. 허스트다운 행동이 아닐 수 없다.

그래, 이 넓은 지구 위에 이런 작가 한 명쯤은 있어야 하지 않을까?

태양이 입맞춘 초콜릿색 피부
파인애플 향 바람
핑크색 해마의 꿈
바다는 깊은 터쿼이즈
달콤한 시에스타

지구가 천천히 움직이는 것을
가만히 느끼고 있네
그것밖에는 아무 할 일도 없이
야자나무 숲을 바라보며
물 위에 누워

아, 푸른 물속을 지나가는 태양
아, 깨끗한 공기 속 마을 아이들
아, 더 무엇을 원해야 하나
지금 나는 여기에 있는데
비밀의 작은 섬

하나가 되었네
커다란 하늘
녹아버렸네
신선한 바다

인터넷 속의 세상이
한없이 작아지고
저녁을 부르는 하얀 달
아쿠아 빛 하늘가

오늘은 풀 문 파티
마을의 사람들 평화로이
하나 둘 바다로 오네
아름다운 산호 목걸이
맨발과 둥그런 불의 춤
모래 위에 떠 있네

아, 반짝이는 파란 플랑크톤
저 하늘의 별들과 이어져 빛나
아, 내일이면 떠나야 하지만
나의 마음은 늘 여기
돌고래를 타고
어린아이로 되돌아가
우주가 찬란한 신비였던 그때로

깨끗하게
또 다시 비워지고
투명하고
투명하게

_ 이상은 '섬'

track 04

비밀의 화원

런던의 영혼은 곧 자연이었다. 이곳에 머무는 동안 정말 많은 것들을 보았지만 지금 눈앞에 펼쳐진 자연보다 영국을, 그리고 런던을 제대로 묘사하는 것은 없는 것 같다. 그 순간 8년 전 런던을 헤매던 이상은이 눈앞에 나타났다. 곡을 만들기 위해 나무 그늘을 찾던, 몇 알의 사과와 물을 챙겨 하루 종일 나무 아래에서 뒹굴던 내 모습이 새록새록 뛰쳐나왔다. 그리고 깨달았다. 8년 전 런던에서의 이상은도 행복했다는 것을. 내 얼굴에는 잔잔한 미소가 퍼져 나갔다. 천로역정의 성스러운 종착지에 도착한 순례자가 된 것 같았다. 자연과 하나가 되는 기분. 8년 전의 나와 8년 후의 내가 하나가 되는 기분. 그때나 지금이나 런던을 나를 맞아주었고, 안아주었고, 손을 잡고 놓아주지 않았다.

런던을 여행하는 동안 내내 들었던 생각은 바로 도시 디자인, 혹은 공공 디자인의 중요성이었다.

오늘날 많은 나라들이 국가적 차원에서 도시 경관을 다시 설계하고 있다. 우리도 국가 차원에서 환경을 아름답게 하기 위한 '디자인 코리아 프로젝트'라는 것을 추진하겠다는 소식을 들은 적이 있다. 물론 그 프로젝트가 지금 어떻게 되어가는지는 잘 모른다. 우리는 예나 지금이나 위에서 사사삭 초스피드로 진행하고 결과물을 떡하니 내놓는 데 익숙하니까 말이다. 그거야 윗분들 생각이니 어쩔 수 없다 치고, 내가 가장 안타깝게 생각하는 것은 우리나라에서 내로라하는 디자인 전문가들이 모여서 진행하는 프로젝트들이 한결같이 간판이나 가로시설물 등 도시의 외관을 '겉으로' 꾸며주는 데 집중하고 있다는 것이다. 아름답게 만드는 기술은 있지만 그 속에 철학이나 문화가 결여되어 있다는 건 나만의 생각이 아닐 것이다.

지난 봄 한국에서 만났던 예술가들이 생각난다. 한참 자신의 작업에 몰두해 있는 그들에게 물었다. 화려한 작품에 눈이 끌렸고, 아주 세밀한 작업을 하고 있는 그들의 눈빛을 가까이서 보고 싶었다. 그래서 다가가 어떤 작품을 하고 있는지, 어떤 메시지를 담는지 조심스레 물었다. 물론 내가 그 메시지를 이해하지 못할 수도 있지만 그저 그들이 대단해보여서였다. 대답은 의외였다. 아직 생각해보지 않았다는 말, 아직 주제가 무엇인지 잘 모르겠다는 대답에 적지 않은 충격을 받았다. 화려한 색깔과 반짝이는 재료들을 쓰며 밤낮 작업에 몰두하고 있으면서도 그들은 정작 그것을 통해 무엇을 말할지 몰랐던 것이다. 그렇다. 지나가는 사람들의 시선만을 즐겼을 뿐, 화려한 외관을 보며 작품성이 있다고 믿을 뿐 그들은 메시지가 없는 작품을 하고 있었다.

물론 명확한 메시지가 있어야만 작품이 된다는 것은 아니다. 그냥 끼적인 메모 하나가 시가 되기도 하고 노래가 되기도 하니까. 다만 외관에만 신경 써 메시지를 잃어가는 현대 예술가들이 안타깝다. 그럴 때마다 난 또 허스트를 떠올리겠지. 지나가는 사람들이 얼굴을 찡그리고, 무슨 의미인지 도저히 몰라 혀를 내두를 때도 허스트에게 메시지만은 분명했으니까. 설령 단 한 사람만 이해하더라도 그는 확고한 메시지가 있는 멋진 예술가이다. 지나다니는 사람들의 눈길을 끄는 화려한 것보다 나는 한 사람의 눈길을 끄는 특이함이 좋다.

하지만 지금 내가 서 있는 런던은 다르다. 이 도시는 도시 외관의 멋과 아름다움보다는 이 도시에 '문화'를 담아내는 공공 디자인에 탁월한 역량을 갖고 있다. 런던이 그 어떤 도시보다 개성적인 건 바로 그 밑바탕에 '문화도시'라는 이미지가 유유히 흐르고 있기 때문일 것이다. 런던이 공공 디자인에 관심을 갖고 1993년 '밀레니엄 위원회'를 만든 데에는 '노쇠한 도시'라는 부정적인 이미지가 컸다고 한다. 영국 정부는 이러한 런던의 이미지를 '창조 도시'로 바꾸기 위해 초기 자금으로만 무려 20억 파운드(약 3조 8억 원)를 들여 하나하나 개선해 나갔다고 한다. 자국의 건축가와 디자이너가 아니더라도, 그 사람이 런던에 필요하다면 기꺼이 큰돈을 들여 모셔왔다고 한다. 그중에서도 건축가 리처드 로저스경이 제안한 '도시의 부흥을 향해'라는 보고서는 오늘의 런던을 있게 한 산파 역할을 했다.

그는 도시를 어떻게 디자인해야 하는 지 아는 사람이었다. 런던 아이나 테이트 모던, 템스강변 개발 등 이 모든 프로젝트가 그의 혜안 속에서 이루어졌다. 리처드 로저스경이 강조하고 또 강조한 것은 바로 '지속가능성'과 '문화'였다. 그의 철학은 의외로 간단했다. 도시 안에 거주하는 시민들이 '살기 좋은 곳'으로 여겨야 한다는 것이다. 이러한 철학적 기반 위에서 런던은 도시를 '재생regeneration'시켜 나갔다. 그 결과 런던은 '멋진 영국Cool Britain'의 중심 중의 중심으로 자리 잡았다.

런던의 영원한 경쟁자인 파리에도 '미테랑 그랜드 프로젝트'라는 게 있다. 루브르박물관보다 더 자주 등장하는 유리 피라미드, 신 개선문, 바스티유 오페라극장, 국립도서관, 라빌레트 공원 등이 이 프로젝트 기간에 만들어졌다. 런던과 파리의 성공이 우리에게 던져주는 메시지는 하나. 공공 디자인을 통해 시민들에게, 그리고 이 땅에서 살게 될 우리의 아이들에게 문화와 교육이 일상화될 수 있는 공간을 만들자는 것이다. 그들에게 '미래 도시'란 우리가 생각하는 화려하게 빛나는 공상과학 영화 속 이미지가 아니다. 엄청난 돈을 들여 멀쩡한 강을 파헤치고, 억지로 만들어놓은 닫힌 공간을 '광장'으로 여겨야 하는 우리로선 부러운 일이 아닐 수 없다.

런던은 생각할 수 있는 도시다. 걷게 만드는 도시다. 문화를 가까이에서 누릴 수 있는 도시다. 지구와 환경의 소중함을 한 번 더 돌아보게 만드는 도시다.

테이트 모던이 부러운 또 하나의 이유는 이곳이 낡았기 때문이다. 낡은 것의 가치를 소중히 여기기 때문이다. 사실 세상의 모든 디자인이 '쿨' 할 필요는 없다. 낡은 것은 낡은 대로, 옛것은 옛것 그대로 남겨두는 게 오히려 더 아름다울 수 있다. 명품을 좋아하는 내 친구가 절대 버리지 못하는 것이 있다. 바로 15년도 훌쩍 넘은 낡은 거울. 신상을 사지 않고는 하루도 버티지 못하는 그녀가, 모든 '신상'을 꿰뚫고 있는 그녀가 버리지 못하는 거울은 아주 오래된 단짝 친구의 선물이다. 아직도 단짝인 그들에게 그 거울은 예전을 추억하기 위한 상징물이고, 그대로 남겨두어서 더 아름답다. 10년이 넘게 사용해 거울 한 구석의 유리는 깨졌고, 손잡이도 낡았지만 그들에게 그것은 세월의 흔적이다. 유리를 새로 갈고, 손잡이를 교체하는 순간 그들은 아름다운 시간을 잃게 되겠지. 모든 물건이 신상인 그녀가 거울만은 있는 그대로 고수하는 것을 보며 낡은 것의 아름다움을 새삼 느낀다. 낡은 것은 낡은 대로, 옛 것은 옛 것 그대로 남겨두는 것. 그녀에겐 무엇보다 소중한 추억이겠지.

서울의 팍팍한 일상이 싫어 기정의 차에 몸을 싣고 지방의 소도시로 무작정 떠날 때가 있다. 그곳에서 나에게 감동을 주는 것은 옛 모습 그대로의 작은 가게와 그곳을 알리는 옛 간판이다. 이발소임을 알려주는 뱅글뱅글 돌아가는 이발소 전등과 낡은 간판, 머리를 깎는 나이 지긋한 이발사 아저씨, 그리고 눈을 감고 그분께 머리를 맡기는 시골 아저씨의 모습은 세련됨으로 무장한 청담동이 결코 따라갈 수 없는 '아우라'를 발산한다.

나는 잘 된 공공 디자인의 비결은 바로 여기에 있다고 생각한다. 우리가 살아온 시대를 인정하고, 추억하게 하는 것. 이것이 요즘 세계적으로 '뜨고 있는' 거라고 억지로 우기는 게 아니라, 그 공간에 숨 쉬는 사람들이 모두 공감할 수 있는 아름다움의 가치를 되찾아주는 것. 모두가 획일적으로 하나가 되는 '집단' 디자인이 아니라 그 집단을 이루는 한 명 한 명의 심미안을 살려주고, 그들의 개성과 가치관을 보존해주는 '공공' 디자인이 더 소중하다고 생각한다. 예쁘게 갖춰진 공간에 닫혀서 사는 것보다, 조금은 불편하지만 자유롭게 살 수 있는 공간. 우리가 추구해야 할 도시의 상은 바로 여기에 있을 것이다.

얼마 전부터 북촌이 외국인들 사이에서 한국의 명소가 되기 시작했다. 조금만 지나면 아주 화려한 외관에 고층 빌딩들이 즐비하지만 외국인들이 그 소박한 북촌에 끌린 이유는 무엇인지 생각해본다. 고층 빌딩을 보며 한국의 디자인 능력을 칭찬할 것 같지만 그들은 가장 한국적인, 한국이라는 나라의 고유한 디자인에 끌린 것이다. 한국의 냄새, 한국의 풍경이 고스란히 담긴 북촌이 외국인들의 마음을 사로잡는다. 북촌에 빠진 외국인들을 보며 한국이라는 나라의 향기가 밴 북촌이 더 위대해 보인다. 그곳은 한국 그 자체인 것이다.

'개성'도 중요하다. 전국 어디를 가든지 똑같은 모양새의 축제가 열리고, 어디를 가든지 똑같은 기념품을 살 수 있는 건 싫다. 재미없다. 부끄럽다. 서울은 서울대로, 부산은 부산대로, 광주는 광주대로, 대구는 대구대로, 대전은 대전대로, 춘천은 춘천대로 자신만의 개성을 가진 도시가 되면 좋겠다. 대도시는 대도시의 특성을 살려, 소도시는 소도시의 개성을 살려 모자이크 같은 나라가 되면 얼마나 좋을까?

그런 점에서 일본의 요코하마는 타산지석으로 삼아도 좋을 것 같다. 요코하마는 일본의 전통적인 항구 도시였다. 하지만 지금 일본인들에게 요코하마는 바다 냄새보다 예술의 향기가 그윽하게 감싸는 도시의 이미지로 다가온다. 그 중심에는 2001년 문을 연 요코하마 트리엔날레가 있다. 3년마다 한 번씩 열리는 이 국제 미술전은 오랫동안 정체된 항구 도시의 이미지를 바꾸기 위해 장기적으로 접근한 요코하마 시의 노력의 결과이다. 그 중심에는 '재활용'이라는 개념이 있다. 요코하마 시는 트리엔날레가 열리는 기간이면 부두의 쓰지 않는 건물들을 전시장으로 사용한다. 전시가 끝나면 그 건물들은 카페나 공연장, 상점 등으로 다시 재활용된다. 빨간 벽돌이 인상적인 '레드 브릭'이라는 장소가 바로 그곳이다.

생각해보면 다른 지역의 사람들을 도시로 불러 모으는 '축제'는 일시적이다. 그 한때의 축제를 위해 도시 전체가 매달리는 건 낭비일지도 모른다. 그렇다고 일회성 이벤트라고 해서 소홀히 할 수도 없는 노릇. 그런 점에서 요코하마 시가 보여준 장소의 '재활용'은 우리도 얼마든지 따라 해도 좋을 듯하다.

하긴 이게 어디 요코하마뿐인가. 우리가 알고 있는 세계적인 미술 축제를 여는 베니스(베니스비엔날레), 카셀(카셀 도큐멘타), 뮌스터(뮌스터 조각 프로젝트) 등은 모두 그 나라를 대표하는 도시가 아니라 '작은' 도시가 아니던가.

무릇 '작은' 것이 아름답다. '낡은' 것이 아름답다.

여행 학습

테이트 모던이 미술관이기 때문일까?
이 공간에 들어와 있는 내내 우리의 대화는 이처럼 '문화'에 관한 이야기로 채워지고 있다. 자칫 어렵고 무겁게 느껴질 수 있겠지만 런던이라는 도시는 이처럼 '예술'의 소중함을 일깨워주는 곳이다. 예술가의 창조성과 자유로움을 이해하는 사람들이 모여 사는 곳, 오래되었다는 이유만으로 무조건 허물어지는 게 아니라 창조적으로 보존하는 법을 고민하는 사람들이 모여 사는 곳이기 때문일 것이다.

8년 전 런던에서 머물던 때에는 이러한 생각을 할 여력이 없었다. 물론 당시 내게 런던은 음악적 갈증을 견디지 못하고 도망치듯 찾았던 오아시스와 같은 곳이었다. 그리고 나는 이곳 런던에서 진정한 음악을 찾기 위해, 동시에 음악의 고통에서 벗어나기 위해 미친 듯이 방황했고, 또 그만큼 몸과 마음을 뉘이곤 했다. 소중한 시간이었다. 하지만 8년 후 다시 런던을 찾은 지금은 그때의 시간이 아쉽게 다가온다. 도시 곳곳에 문화적 자양분이 깔린 런던을 샅샅이 '배우지' 못한 것 같아 아쉽기만 하다.

물론 도시를 여행할 때 '학습'을 해야만 하는 것은 아니다. 여행이란 앎을 위한 게 아니라 느끼기 위한 건지도 모른다. 그곳의 공기를 호흡하고, 그곳의 사람들을 물끄러미 구경하는 것만으로도 충분한지도 모른다. 하지만 여행의 횟수가 잦아지고, 여행의 농도가 진해지면 뭔가 다른 여행을 갈급해하는 것도 사실이다. 베를린과 스페인을 지나 이곳 런던까지…. 최근 들어 이런저런 이유로 '여행자 뮤지션'으로 살게 되면서 나는 여행을 통해 배우는 '학습'의 의미를 깨닫게 되었다. '아는 것이 힘'이라는 지극히 당연한 경구의 의미를 깨닫게 되었다.

여행은 휴식이다.
동시에 여행은 새로운 것을 배우는 학습의 시간이다.

- 우리에게도 한국의 테이트 모던이 될 만한 곳이 있는데 말이지. 우리가 사는 홍대에서 아주 가까운 곳에….

기정이 중얼거린다. 그곳이 어디냐고 묻자 냉큼 '당인리 발전소'를 입에서 꺼내 놓는다. 예술학을 전공한 기정은 학교에서 미술과 디자인을 전공한 친구들이 모일 때마다 당인리 발전소가 복합문화예술공간이 되면 좋겠다고 노래를 불렀다고 한다. '당인리'라는 지명은 임진왜란 때 중국 군대가 주둔하면서 생겨났다고 한다. '당인唐人'이라는 말이 중국인을 의미한다는 걸 처음으로 알게 되었다. 당인리 발전소는 일제 강점기의 산물이다. 1930년 경성전기주식회사가 조선 최초의 화력발전소를 준공한 게 바로 당인리 발전소이다. 1969년 서울화력발전소로 이름을 바꾸며 오랫동안 서울의 에너지원이 되었지만, 지금은 아주 소수의 가정에만 전력을 공급하고 있다고 한다.

- 몇 년 전인가. 어느 정치인이 당인리 발전소를 미술관으로 만들겠다고 공약을 내놓더라고. 우리에게 그런 정치인이 있단 말이야, 라고 좋아했던 기억이나. 언론에서도 가끔 가뭄에 콩 나듯이 당인리 발전소를 예술의 공간으로 만들어야 한다는 기사를 본 적이 있는데 도무지 진행될 기미가 보이지 않네. 감감무소식이야.

이거 말이 된다. 나도 신문에서 몇 차례 본 것 같다. 하루 일과를 마치고 강변북로를 달려 합정 IC로 들어가는 길목에서 만나는 그 황량한 발전소를 문화예술공간으로 만든다는.건 분명 멋진 일이다. 한강이 보이고, 지척에 홍대와 같은 젊은이들의 공간이 있고, 다리를 건너면 오래된 문래동의 낡은 철공소 골목에 모여 사는 예술가들도 있으니 천혜의 지형이라고 할 수 있다.

기정의 말로는 당인리 발전소와 주변이 공원으로 바뀐다고 한다. 좋은 일이다. 하지만 기정은 그만큼 걱정이 앞선다고 한다. 비록 일제 강점기 시대에 지어졌지만, 역사의 흔적이 배어 있는 발전기를 지하로 옮기거나 없앤 뒤 그 위에 인공적인 공원이 들어서는 게 좋은 건지 모르겠다고 말한다. 공원이 많아지는 건 분명히 좋은 일이지만, 바로 지척에 선유도 공원이 있는데 또 하나의 공원이 들어서는 것보다 뭔가 아스라한 분위기의, 예술가들의 혼이 숨 쉬는 공간으로 바뀌는 게 더 낫지 않을까, 라는 생각을 해본다는 것이다. 분수대와 숲, 자전거 도로도 좋지만 지금의 발전소의 경관을 그대로 살리고, 그 죽어 있는 공간에 당대의 최신 예술적 흐름을 결합시켜 되살리는 게 궁극적으로 더 좋지 않을까, 라는 것이다.

서울에도 이런 곳이 있다. 예전에 우연히 들른 그곳은 예술가들이 모여 토론하고 영감을 나누는 곳이었다. 특이한 외관에 끌려 안으로 들어갔을 때 표지판을 보고 놀랐다. 예전에 교도소였던 곳을 리모델링해 새로운 예술 공간으로 탄생시킨 것이다. 교도소라…. 단어가 주는 느낌과는 정반대인 곳으로 탄생시킨다는 것은 말처럼 쉬운 일이 아니다. 평소 가지고 있던 공간에 대한 고정관념과 그 공간을 떠올릴 때 생각나는 수식어들을 철저히 배제시킬 수 있어야 가능하기 때문이다. 이는 원래의 목적을 생각하기보다 공간을 있는 그대로 바라봤기 때문에 할 수 있었다. 이곳이 새로운 디자인 공간이 될 수 있겠구나, 하는 생각은 무언가를 그 자체로 바라볼 때 가능하다. 또 다른 곳은 낡고 버려진 지하 공간을 예술 공간으로 꾸몄단다. 버려져 있던 지하 공간에 생기를 불어넣고 향기를 심어준 사람들의 발상이 놀랍다. 고정관념 없이 바라봐주는 것. 쉬운 일은 아니다. 사람도 그렇다. 어떤 사람에 대해 고정관념이 생기는 순간, 사람 자체를 보기보다 나의 평가에만 의존하게 된다. '저 사람은 저럴 거야' 라고 믿는 순간, 내가 그 사람에게 기대할 수 있는 것은 딱 그만큼이다. 하지만 그 모든 생각을 버리는 순간 그 사람은 나에게 무한한 영감을 주는 한 인간으로 다가온다.

그래, 기정의 말이 맞는 것 같다. 파리 센 강의 오르세 미술관도 그곳이 기차역이었다는 걸 굳이 지우려 하지 않았다. 이곳의 중앙홀에 서면 높이 32미터에 이르는 타원형 유리지붕으로 하늘이 보인다. 폭 40미터,

홀 길이만 138미터에 달하는 이곳은 과거에 이곳에 기차들이 드나들었다는 사실을 소리없이 알려주고 있다. 바로 이 기차역에 고흐의 〈자화상〉과 고갱의 〈타히티의 연인들〉, 밀레의 〈만종〉과 〈이삭줍기〉가 있다. 인상주의의 역사를 일괄해서 보여주는 전시장에서 첫 번째 작품으로 대면한 마네의 〈풀밭 위의 식사〉를 보고 느낀 감동은 지금도 쉬이 잊히지 않는다. 영국 브리스톨의 대영제국박물관, 독일 함부르크 반호프박물관도 원래는 기차역이었다고 한다.

기정의 말처럼 낡은 화력발전소를 문화예술공간으로 바꾼 공간에서 전시를 보고, 연극을 감상하는 날이 어서 왔으면 좋겠다. 그곳의 공연장에서 내가 공들여 만든 노래를 부르는 그날이 속히 왔으면 좋겠다.

오노 요코를 만나다

테이트 모던은 세상에 존재하는 모든 이미지들을 모아놓은 듯했다.

형형색색의 보석이 모여 있는 것 같아 가까이 가보면 사람들이 쓰다가 버린 비누조각을 높은 천장에서부터 바닥까지 이어 놓은 작품이었다. 패션 잡지 속 화려한 브랜드 광고와 다를 바 없는 그림이 있는가 하면, 변태 성욕자의 일상을 영상으로 담은 충격적인 비디오 아트가 관객들의 혼을 쏙 빼놓는다. 하지만 사치 갤러리에서의 충격에 비하면 비교적 '보편적'인 작품이 더 많다. 사치 갤러리가 좀 더 진보적이고 인디적이라면 이곳은 현대미술의 주류에 속하는 작품을 모아 놓아서 그런 것 같다.

테이트 모던에서 가장 인상 깊었던 전시장은 오노 요코와 백남준의 작품을 볼 수 있었던 〈플럭서스Fluxus〉전이었다. 지금 보아도 진보적인 작품 앞에서 입을 헤 벌리고 한참을 서서 구경했다.

오노 요코….
여행의 행선지를 런던으로 잡은 데에는 그녀의 영향이 컸다.
런던에 오기 한 달 전, 서울, 홍대 앞, 정인의 카페 '무대륙'. 기정과 나는 다음 여행지를 결정하느라 대대적인 회의를 벌였다. 테이블 위에는 세상 곳곳을 담은 여행서와 지도가 어수선하게 펼쳐져 있었다. 누가 보면 세계일주라도 나서는 줄 알았을 법한 광경. 그 순간, 카페의 일을 마무리하던 정인이 테이블 위에 뭔가를 툭 던졌다. 《타임아웃》이라는 잡지였다. 정인이 우리를 위해 접어놓은 페이지를 펼치니 〈프리즈 아트 페어〉라는 미술 행사의 광고가 나타났다.

- 프리즈 아트 페어? 영국에서 열리네. 뭐야, 영국에 가서 미술 작품을 사라는 거야? 우리가 돈이 어딨어?
- 이그… 언니도 참…. 나도 누울 데 보고 눕는다고. 거기 언니가 좋아하는 이름이 있을 텐데?

몇 초 후…. 나는 옆 테이블 손님들이 깜짝 놀랄 정도로 탄성을 질렀다. 정인이 너무도 예뻐 와락 껴안고 싶을 정도였다.

- 오노 요코! 오노 요코가 강연을 한대….
- 어때, 땡기지 않아? 오노 요코, 프리즈 아트 페어…. 런던이 어떨까 싶어. 게다가 런던은 8년 전 언니가 살았던 곳이기도 하잖아. 8년 전 런던, 그리고 8년 후 런던…. 뭔가 얘기가 되지 않을까?

그날 이후, 우리는 수일에 걸쳐 런던의 네트워킹을 총동원해 오노 요코의 강연에 관한 정보를 모으고 또 모았다. 얼마 후, 쉽진 않겠지만 강연 입장 티켓을 구해 보겠다는 동생이 나타났다. 오, 그녀의 이름은 구세

주였다!

팝스타 존 레논의 아내로만 널리 알려진 오노 요코는 실제로는 서구 플럭서스 운동의 형성기에 중추적인 역할을 담당한 아티스트다. 그녀의 예술 반경은 가히 홍길동다웠다. 미술, 음악, 영화, 퍼포먼스 등 장르 막론, 주제 막론이었다. 한마디로 전위 예술에 지대한 영향을 미친, 20세기 예술계의 뮤즈였다. 내가 오노 요코를 좋아하는 이유는 그녀가 평생 동안 반전과 평화의 메시지를 전하며 살아가고 있기 때문이다. 그녀의 작품은 물론 그녀의 이름만 들어도 긍정과 희망이라는 단어가 절로 샘솟아 오르기 때문이다. 이런 그녀를 직접 볼 수 있는 기회가 왔는데 그냥 놓칠 순 없지 않겠는가?

사실 여행지를 택하는 기준은 그리 까다롭지 않다. 내가 오노 요코를 만나는 것이 이곳을 택한 하나의 이유였듯, 의외로 단순한 이유로 여행지를 택하게 된다. 좋아하는 음식을 먹고 싶어 파리를 찾는다는 사람, 자유로운 분위기가 좋아 미국을 찾는다는 친구, 책에서 본 현지인의 눈빛에 반해 인도를 찾는다는 사람까지, 생각해보면 거대한 것을 상상하거나 기대하고 여행지를 택했을 때 실망감이 더 큰 것 같다. 내가 이건 꼭 보겠다, 이건 꼭 먹겠다 하는 의무적인 생각이 드는 순간, 여행지는 사소한 것이 아니라 거대한 것이 되어버린다. 그리고 생각했던 것보다 별

거 아니란 생각이 드는 순간 그 자리에 주저앉는 것이다. 내게 8년 전 런던이 그랬듯이…. 이렇게 사소한 분위기와 만남이 여행지를 선택하는 기준이 된다면 어떨까. 여행이 소박해지고 행복해질 것이다. 오노 요코와의 만남이 여행 목적 중 하나였기에 난 오노 요코를 만나면 여행의 목적을 이룬 것이 된다. 그래서 난 행복할 것이다. 바로 이거다.

사소한 만남이 주는 행복, 난 그거면 충분하다.

정신성, 정체성

영국이란 나라는 참 흥미롭다.

이 나라는 강대국 중에서도 비교적 작은 땅덩어리를 가진 나라다. 미국처럼 거대한 영향력을 자랑하는 나라와 함께 있어도, 모든 게 안 맞아 보이는 프랑스와 견주어도 자신의 자존심을 잃지 않고 살아가는 나라이다. 물론 요즘은 살아남기 위해 미국과 어깨동무를 하며 짝짜꿍하는 모습을 자주 보여주지만, 실용적인 목적을 이루면서도 동시에 미국의 파워에 저항하는 이미지를 잃지 않는 모습은 인정해야 한다.

전통을 지키고 정체성을 잃지 않겠다는 저항정신은 음악에서도 나타난다. 미국의 음악이 10대들의 취향에 맞춘 인스턴트 음식 같다면 영국의 음악은 진보적이면서도 실험성이 물씬 묻어난다. 그들의 음악을 듣다 보면 리듬도 아닌, 가사도 아닌, 멜로디도 아닌, 그들의 '정신성'에 별 다섯 개를 꽉꽉 붙여주고 싶다. 시대의 대세에 순종하는 게 아니라 자신만의 '정체성'을 고수하는 것. 세상이 온통 '미국화' 되어 가는 이때, 영국의 문화는 어떻게 살아야 하는지를 보여주는 리트머스와 같다.

내게도 그런 친구 하나가 있다. 영국 음악 같이 외면이 아닌 다른 무언가로 자신을 드러내는 멋진 친구. 확 드러나진 않지만 느껴지는 분위기가 있다. 영국 음악은 가사, 리듬, 멜로디 등을 단지 듣고 느끼는 것을 중시하는 게 아니라 그 안에 스며들어 있는 깊은 정신성과 메시지를 중시한다. 그녀도 그렇다. 외면으로 자신을 절대 드러내지 않지만 하나하나 파고들면 모든 것이 그녀의 정신성인 사람. 쓰는 단어 하나, 걸치는 스카프 하나, 그리고 흥얼거리는 콧노래 하나까지 모두 그냥 그녀의 것이다. 나 이상은도, 그리고 이상은의 음악도 런던 음악을 닮고 싶다. 듣자마자 내 노래인지 몰라도, 리듬과 가사가 모두를 놀라게 하지 않아도 그저 내 음악인 것. 드러나지 않아도 나의 정신, 소울을 느낄 수 있다면 좋겠다.

비가 내린다. 템즈 강을 바라보며 마시는 커피 맛이 제법 근사하다. 역시 커피의 맛은 온도도, 커피 머신도, 커피의 품종에 달려 있는 게 아니다. '어디에서' 마시느냐가 좌우한다. 테이트 모던에서 현대미술의 기운을 잔뜩 받고, 비 내리는 템즈 강을 굽어보며 마시는 커피 한 잔의 맛은 그 누구도 흉내 내기 어려울 것이다.

- 오늘 저녁은 근사한 걸 먹어볼까? 소호에 근사한 태국 레스토랑이 있다던데?

기정과 정인의 눈빛이 '예스!'를 외친다. 이제 돌아갈 시간이 얼마 남지 않은 만큼 그 정도의 작은 사치는 부려도 괜찮다는 표정이다. 무엇보다 테이트 모던의 기분을 계속해서 이어가려면 집이 아닌 다른 곳에서의 저녁이 반드시 필요할 것 같다. 8년 전 런던은 주파수가 맞지 않는 라디오 방송을 듣는 듯했다. 하지만 8년 후 런던은 그렇지 않다. 한국에 돌아가야 한다는 사실이 믿기지 않을 정도로 듬뿍 정이 들어 버렸다. 심지어 우리나라 옆에 일본이 아닌, 영국이 있었다면 어땠을까, 라는 황당한 생각을 할 정도다. 8년 후 다시 찾은 런던은 70퍼센트 가량은 나와 주파수가 맞는 것 같다. 그만큼 감동적이고 사랑스러웠다. 주파수가 맞지 않는 나머지 30퍼센트의 런던도 봐줄 만하다. 미운 정도 정이니까···.

그래, 런던아! 다시 만나 정말 반가웠어!

휴식과 여행 사이

슈퍼마켓에 들러 음료수를 샀다. 계산대에 줄을 서서 기다리는데 내 앞에 있던 여행자가 종업원과 대화를 나누고 있었다. 간단한 단어 몇 개로 대화를 이해해야 했지만, 어느 순간 'rest(휴식)'라는 단어가 귀에 쏙 들어왔다. 어딘가 조금 어색해하는 여행자에게 종업원이 어떤 목적으로 런던까지 왔냐고 물었다. 만날 사람이 있어서 왔는지 물어도 No, 프로젝트가 있어서 왔는지 물어도 No, 어떤 이유에도 No로 일관하던 그가 말한 단어는 바로 'rest'였다. 순간, 그의 얼굴을 다시 봤다. 누구보다 편안하고 행복한 표정. 아무 목적 없이, 그저 휴식을 취하기 위해 런던을 찾은 그가 부러웠다. 물론 나도 대단한 프로젝트가 있거나 어떤 목적이 있어서 온 것은 아니다. 하지만 내 마음가짐이 그와는 조금 다른 것 같았다. 나는 늘 어떤 것을 볼까, 또 무엇을 얻을까에 부담을 느꼈던 것 같다. 너무 많은 것을 보려 하고, 또 반드시 무언가를 느끼려고 하는 건 쉬는 게 아니다. 편의점에서 만난 그 남자의 단어, rest 하나에 나의 여행을 돌아본다.

프리즈 아트 페어

이제는 세계 4대 아트 페어 중 하나가 되었지만, 프리즈 아트 페어는 젊은 작가들을 주로 다루는 신생 아트 페어이다. 물론 신생 아트 페어라고 해도 이곳에서 팔리는 젊은 작가들의 작품 모두가 10만 달러(약 1억 원)에 출발할 정도로 우리에겐 그림의 떡과 같다. 하지만 스위스의 바젤, 독일의 쾰른, 미국의 마이애미 등 역사를 자랑하는 아트 페어에 비하면 신선한 청량감이 느껴져 꼭 한 번 가보고 싶었다.

다행히 프리즈 아트 페어는 그 입구에서부터 우리를 배신하지 않았다. 프리즈 아트 페어로 들어가는 입구, 그곳에는 빨간 망토에 에나멜 슈즈를 입은 소녀가 서 있었다. 『이상한 나라의 앨리스』에나 등장할 것 같은 소녀, 대단해요!

빨간 망토 소녀는 우리에게 '홍삼'과 같은 존재로 다가왔다. 볼거리로 넘쳐난 테이트 모던의 잔인함에 방전을 앞둔 우리의 기력을 충전시켜주는 그녀가 너무도 고마웠다. 때론 옷차림 하나가, 색깔 하나가 주변 사람들의 기분을 바꾸는 법이다. 순간, 좋은 생각이 퍼뜩 떠올랐다. 사람의 기분을 즐겁게 만들어주는 빨간 색이 내게도 있다는 게 생각났다. 톱 숍 매장에서 산 빨간 모자가 내 가방에 들어 있었던 것이다. 여행자의 본능이라고 할까. 어젯밤, 테이트 모던과 프리즈 아트 페어를 찾는 오늘이야말로 이번 런던 여행의 하이라이트라는 생각이 들어 챙겨놓았던 게 주효했다. 나의 선견지명이 기특할 지경. 여기에 테이트 모던에서 방금 전에 구입한 배지까지 가슴에 다니 '아트 여행'에 이보다 더 좋을 순 없을 것 같다.

기분 좋은 일은 여기에서 그치지 않았다. 빨간 망토 소녀의 정체가 드러난 것이다. 그녀는 바로… 우리에게 프리즈 아트 페어를 인도해줄 주인공이었다! 오노 요코의 강연도 그녀가 함께 할 거라고 한다. 한국에서 한국화를 전공한다는 그녀는 어학연수를 위해 1년 간 머물 요량으로 런던에 왔다며 자신을 소개했다. 런던 6개월차답게 타인의 눈을 의식하지 않고 빨간 망토로 마음껏 개성을 표현한 그녀가 신기했고, 그만큼 아름다웠다.

빨간 망토 소녀는 세계적인 경제 위기 때문인지 프리즈 아트 페어도 예년 같지 않다며 아쉬워한다. 하지만 우리 눈에는 어마어마한 텐트 속에 들어 있는 것 같은 초대형 미술 전시장이 그저 신기할 따름이다. 프리즈 아트 페어는 영국에서 발행되는 세계적인 미술 저널 《프리즈Frieze》에서 주최하는 행사이다. 대부분의 런던의 박물관과 미술관이 무료인데 반해 이 행사는 25파운드의 입장료를 내야 한다. 하지만 '지금 여기' 가장 핫한 미술 트렌드를 두 눈으로 직접 확인하고픈 전 세계 미술인들과 컬렉터에겐 결코 비싼 금액이 아닐 것이다. 물론 프리즈 아트 페어가 미술 전문가들만을 위한 행사는 아니다. 빨간 망토 소녀에 따르면, 그림을 사려는 사람보다 좋은 미술 작품을 보기 위해 찾은 (우리 같은) 순수 관람객이 약 80퍼센트에 달한다고 한다. 그러니 주눅 들지 말 것.

내가 이곳에 빠진 이유는 전문가가 아닌 일반인들을 위한 곳이기 때문이다. 어쩌면 전문가들의 평가, 평론가들의 코멘트가 그들에게는 가장 중요할 수도 있을 텐데 말이다. 그들은 그것을 버리고 일반인들에게 평가를 양보했다. 물론 전문가들의 평가가 없다는 것은 아니지만 분명한 것은 우리 같은 일반인들의 느낌을 중시하고, 우리가 느낄 수 있는 공간을 만들었다는 것이다.

전 세계 갤러리들과 작가들에게 프리즈 아트 페어에 참가한다는 것은 엄청난 영광이라고 한다. 실제로 유럽과 미국의 유명 갤러리들이 잔치를 벌이고, 거기에 일본과 중국의 갤러리들이 구색을 맞춘 듯한 기분이 든다. 여기에 소개되는 작품들도 테이트 모던에 비하면 한껏 멋을 부린 것 같다. 거의 모든 작품이 쌈박하고 매력적이고, 럭셔리하고, 패셔너블하다. 그 기분이 제법 짜릿하다. '요즘에는 이런 작업들이 잘 나가는구나'라는 사실을 알게 된 것도 나쁘지 않다.

홍대에서 자주 어울리던 미술 작가들 중에서 아트 페어를 비판하는 이들이 있었다. 현대미술의 스타들만 모아 놓은, 그래서 그 자체만으로도 위화감을 조성한다는 게 그들의 주장이었다. 그들의 생각이 틀린 것만은 아니다. 하지만 같은 공간에서 나라 요시토모와 트레이시 에민 같은 작가들의 작품을 본다는 것도 나름의 의미가 있을 것이다. 프리즈 아트 페어에 직접 와보니, 한국에서 미술대학을 다니는 학생들이 반드시 이곳을 찾았으면 좋겠다, 라는 생각을 가져본다. 학교에서 배우는 아카데믹한 미술과는 또 다른 미술 현장의 생생한 목소리, 치열한 경쟁의 장, 그리고 그 속에서 여전히 잃지 않는 예술의 향기를 직접 보고, 듣고, 느꼈으면 좋겠다. 그러고 보면 공부란 별게 아니다.

프리즈 아트 페어가 즐거운 또 하나의 이유는 사진을 찍을 수 없었던 테이트 모던과 달리 마음껏 사진을 찍을 수 있기 때문이다. 수만 개의 작품 앞에서 이 모양 저 모양으로 사진을 찍는 재미가 우리의 기대를 훌쩍 넘어섰다. 재미있는 작품도 많았다. 식당 근처에 일부러 쓰레기를 설치하고 그 옆에서 병을 깨뜨리는 여성 작가가 있는가 하면, 실내에서 흡연이 금지된 영국의 법을 교묘히 비틀어 전시장 안에 담배를 피울 수 있는 투명한 부스를 여러 개 설치해놓고 작품이라고 우기는 작가도 있다. 반면 당장이라도 옆에서 사교 파티를 열어도 무방할 것 같은 멋진 조각 작품도 있다.

내가 특이한 건지 모르지만 난 이런 예술이 좋다. 모두가 똑같이 느낀다면 무슨 의미가 있겠는가. 살아온 시간, 느껴온 것들이 모두 다른 우리인데 한 작품을 보고 다 똑같이 느낀다면 개인의 특성은 없는 거 아닌가. 내가 살아온 어제와 당신이 살아온 어제가 다른데 말이다. 메시지가 있는 예술이 좋다. 내 옆에 있는 친구가 느끼는 것과 내가 느끼는 것이 다른 것이 좋다. 모두가 똑같이 느끼는 것보단 나 이상은만이 볼 수 있는 것이 좋고, 나 이상은이 느꼈던 것들을 모으고 모아 나만의 시선으로 볼 수 있는 그런 작품들이 좋다. 적어도 내게는 그렇다. 아주 많은 청중과 팬을 갖지 못해도 그들이 무한히 행복해 보이는 이유는 그들의 메시지에 공감해주고 또 다르게 해석해줄 누군가가 있기 때문이다.

기정은 중국현대미술에 관심이 많았다. 특히 이 작품이 좋다고 했다. 천안문 광장이 있다. 중국인이 존경한다는 모택동의 초상 사진이 걸려 있다. 그 앞에 한 소녀가 있다. 그런데 이 소녀, 노랑머리에 여러 개의 피어싱을 하고 펑키 분위기가 물씬 풍기는 메이크업을 하고 있다. 그렇다. 작품의 주인공은 중국이 자랑한다는 천안문 광장도, 모택동이 아니었다. 자본주의와 사회주의의 어정쩡한 덫에 걸려 있는 듯한 한 소녀가 주인공이었다.

언제 보아도 에로틱한 일본의 사진작가 노부요시 아라키의 사진도 걸려 있다. 2002년 11월 광화문의 일민미술관에서도 전시를 가진 적이 있는 그는 일본이 낳은 세계적인 사진작가로 꼽힌다. 물론 나도 그 전시를 본 적이 있다. 그는 지난 40여 년간 '성애'를 주제로 여성의 나체와 꽃, 음식을 주로 찍어왔다. 여성의 나체도 결코 평범하게 묘사하지 않는다. 그의 피사체에 들어 있는 여성의 나체는 동아줄이나 쇠사슬에 묶여 있다. 기둥이나 천장에 매달려 있는 여성도 등장한다. 사진이 보여주는 수위는 우리의 상상을 뛰어 넘는다. 이 전시가 한국에서 열렸을 때 페미니스트들이 반대했을 정도다. 반면 아라키의 작품 곁에 걸려 있는 나라 요시토모의 '천진난만'한 작품은 사무라이, 오타쿠, 히키코모리(은둔형 외톨이) 등 다양한 스펙트럼을 자랑하는 일본 문화의 일면을 엿보게 해준다. 그동안 사진에서만 보았던 요시토모의 작품의 질감이 예상보다 거칠었다는 것도 흥미롭다.

프리즈 아트 페어는 그림과 사람의 홍수 속에서 롤러코스터를 탄 것 같은 즐거움을 맛보게 해주었다. 적절히 상업적이면서, 적절히 예술적인, 재미와 진지함이 어우러진 미술 축제였다.

©Araki Nobuyoshi

따스한 네 온도를 느끼며 걸어가

Magic Lake

숲의 타피스트리

유성의 Rain Drop

저 별을 빚은 손 나를, 너를 빚었지

천상을 흐르는 물

내 안의 호수에 떨어지네

이제야 깊은 숨이 쉬어져

이제야 깊은 숨이 쉬어져

꿈속에서 나는 순례자들과 함께

모든 핏줄 하나로 이어진 곳

우리는 하나였지

콘크리트는 핏줄을 끊고

너와 나는 멀어졌지만

언제나 우린 이어져 있었지

사자와 순록

아이스버그와

나무의 혈관

강의 수맥

천상과 인디고 블루의 매직 레이크

_ 이상은 'Magic Lake'

예술, 어디에서든 통하는 느낌

전시회라는 것, 예술이라는 것은 참 묘한 것이다. 어느 나라에나 있지만, 모든 나라 전시회의 느낌이 다른 것. 또 어떤 것을 표현하듯 단 하나의 공통점이 있다는 것. 내가 전시회를 좋아하는 이유, 그리고 여행자들에게 전시회가 꼭 필요한 이유…. 그것은 공감의 표현이다.

4시가 가까워 온다. 오노 요코를 만날 시간이다. 두둥!
줄을 서서 얌전히 그녀가 오기만을 기다린다. 정말 많은 사람들이 기다리고 있다. 마치 무대 위 공연을 마친 뮤지션을 기다려 사인을 받는 소녀 팬이 된 것 같다. 오노 요코를 보다니!

강의실에서 우리가 배정 받은 자리는 맨 뒤. 그녀를 앞에서 볼 수 없다는 사실이 아쉽지만 들어온 것만도 다행이라며 서로를 위로한다. 그 순간 갑자기 불이 꺼졌다. 오노 요코와 존 레논, 반전운동, 그녀의 여러 가지 퍼포먼스를 소개하는 영상이 어둠 속에 흐른다. 때론 고요하게, 때론 격정적인 영상이 그녀가 살아온 시간을 압축해서 보여준다.

그 순간 주최 측에서 입장하기 전 우리에게 작은 손전등을 나누어준 이유를 알았다. 영상이 끝나갈 무렵 우리가 들고 있는 손전등으로 'I Love You'를 쓰는 퍼포먼스를 설명하는 문구가 적혀 있었던 것. 무엇보다 아이슬란드 레이캬빅의 바닷가에 만든, 구름 속을 뚫고 지나갈 만큼 하늘 높이 빛을 쏘아 올리는 등대가 영상에 새겨지는 순간 내 눈물샘이 나도 모르게 터지고 말았다. 처연하고도 아름다운 풍경. 생전에 등대를 만들어 달라는 부탁을 했던 존 레논을 위해 오노 요코가 그를 향한 사랑을 담아 완성한 〈이매진 피스 타워〉란다. 여든을 앞둔 그녀가 남편과 벌였던 평화 프로젝트를 지금도 꾸준히 해나가는 모습에 강의장을 가득 메운 청중들이 박수를 보내기 시작한다. 그 순간 드디어 오노 요코가 나타났다. 그녀가 모습을 드러내자 박수 소리는 더더욱 커져만 갔다.

드디어 요코의 강연 시간. 방금 전까지 우레와 같은 박수 소리를 보냈던 청중들이 숨소리만 내며 그녀에게 귀를 기울인다. 미술비평가와의 대화에 이어 관객과의 질문 시간이 배정되었다. 그런데 예상치 못한 일이 일어났다. 한 관객이 사람들 앞에서 선글라스를 벗지 않는 건 너무 무례한 행동이 아니냐고 질문한 것이다. 심지어 요코의 정신 상태까지 들먹였다. 하지만 역시 요코는 요코였다. 그녀는 너무도 당당히 혹시 이런 전시장에 한 번도 와보지 못한 건 아니냐고 완곡하게 혼을 내주었다. 나뿐만 아니라 모두들 마음속으로 힘찬 박수를 보냈을 게 분명하다.

관객들의 질문을 대하는 요코의 자세도 감동적이었다. 그녀가 강조한 건 '꿈'이었다. 그녀는 우리를 향해 마음속으로 자신만의 비전을 품을 것을 요구했다. 그리고 살아가는 동안 마음에 들어 있는 꿈을 적어보라고 말했다. 몇 년 후, 그 꿈이 이루어져 있을 거라며 활짝 웃었다. '소망의 나무 Wish Tree'라는 일본의 전통도 소개해주었다. 소망의 나무란 사람들이 소원을 적어 나무에 곱게 묶어두는 전통으로, 자신도 세계 각지에서 전시를 가질 때마다 이 나무를 함께 전시한다고 덧붙였다.

음… 뭐랄까. 요코는 순수한 사람이었다. 그녀가 주최 측에 요청해 준비한 등대와, 손전등, 소망의 나무에서는 어린아이 같은 순수함이 깃들어 있었다. 아이의 마음으로, 시선으로 세상을 바라보기. 요코의 예술의 출발점과 종착지는 결국 하나였다.

강연이 끝났다. 가슴이 뿌듯하다.
오노 요코와의 소중한 만남을 주선해준 빨간 망토 소녀에게 맛있는 중국음식을 대접하는 것으로 고마움을 대신했다.

1년 전, 베를린에서는 내 마음의 키가 자란 것 같았다. 하지만 런던은 마음의 키는 물론, 그동안 세파에 시달린 마음을 말끔히 청소한 듯한 기분이 들었다. 마음의 인테리어를 바꾸는 대공사를 마친 것 같다. 물론 여행을 통해 지금 당장 나의 삶이 바꾸는 것은 아니다. 하지만 여행을 해본 사람은 알리라. 여행을 마치고, 다시 일상에 복귀하고, 여행의 추억이 휘발될 즈음 여행이 자신을 어떻게 바꾸었는지 알게 되는 법이다.

내일은 런던에서의 마지막 날이다. 그리고 우리는 한국으로 돌아간다. 일상으로 돌아간다. 여행의 마지막 날은 언제나 '시간'의 의미를 일깨위준다. 일 분 일 초의 소중함을 깨닫게 한다. 우리가 절박한 심정으로 런던을 찾아 헤맨다면 그렇게 찾고 싶었던 그 무엇을 발견할지도 모른다. 런던의 심장을 발견할지도 모른다.

테이트 모던, 프리즈 아트 페어, 그리고 오노 요코…. 8년 전 런던에서 머물 때 만나지 못했던 런던의 문화를 받아들였으니 런던도 우리에게 자신의 심장을 내줄지도 모른다. 물론 런던을 알기엔 너무도 짧은 시간이었다. 하지만 분명한 건 우리는 열심히 순례했다는 것이다.

런던에서의 마지막 날, 우리는 런던의 심장에 가 닿을 것이다. 런던의 영혼을 느끼게 될 것이다.

한두 권씩 책을 내면서 출판사 편집자들의 전화를 받는 일이 잦아졌다. 비록 프로페셔널한 작가들이 낸 책에 비해 여러모로 부족하지만, 음악과 책을 통해 나를 아껴주는 이들에게 다가가려는 내 마음을 그들도 인정해주는 것 같다. 그중에서도 최근 들어 부쩍 '음악'에 관한 책을 내자는 요청이 들어오고 있다. 직업이 뮤지션인 내게 어찌 보면 당연한 제안일 수도 있지만, 나는 아직까지 정중히 사양하고 있다.

물론 지난 20여 년간 음악 활동을 하며 음악에 관해 하고픈 말이 적지만은 않다. 나라고 왜 음악에 관한 생각이 없겠는가. 하지만 내 생각은 다르다. 우선 내가 음악에 관한 책을 쓴다고 하면 아무래도 내가 딛고 서 있는 국내 가요계에 관한 이야기를 하지 않을 수 없다. 현재 활동하고 있는 뮤지션들의 실명을 거론해야 할지도 모른다. 평소 가깝게 지내는 몇몇 인디 뮤지션이야 그들의 음악은 물론, 거기에 영향을 끼친 소소한 이야기까지 잘 아는지라 오히려 편하다. 그러나 다른 뮤지션들에 관한 이야기를 하기엔 내가 그들을 너무 모른다. 겉으로 비치는 음악과 모습만 보고 누군가를 '판단'하는 건 세상에서 내가 가장 싫어하는 것 중 하나다. 다른 이의 창조적인 작업에 선배 혹은 동료라는 이유만으로 왈가왈부하는 모양새는 결코 아름답지 않다. 그렇지 않아도 '말'이 넘쳐나는 이 땅에 나까지 동참할 필요는 없을 것이다.

나는 여행을 즐긴다. 음악을 위해, 그리고 나를 위해 이곳저곳을 떠돌아다니는 걸 좋아한다. 그게 지금의 이상은에, 그리고 내 음악에 튼실한 자양분이 되었다. 그런데 해외 여러 나라를 다닐 때마다 느끼는 건 우리처럼 타인을 향한, 타인의 창조적 작업을 향한 말들이 많은 나라가 드물다는 것이다. 그 말들 중에서 누군가에게 뼈가 되고 살이 되는 말들이 얼마가 될지는…. 아마도 그건 우리가 더 잘 알지 않을까.

실제로 지금 우리는 필요 이상으로 말이 넘쳐나는 시대를 살고 있다. 지금 우리는 인터넷 포털사이트로 하루를 시작해 포털사이트로 하루를 마감한다고 해도 지나치지 않다. 그것이 정치든, 경제든, 스포츠든, 그리고 전 국민이 애용하는 연예 기사든 얼굴을 숨긴 채 쏟아내는 말들이 사이버 공간을 메우고 있다. 가상현실도 모자라 실제 현실로 삐질삐질 새어나오고 있다. 물론 나는 인터넷의 '열려 있음'을 적극 지지한다. 대안적인 미디어로서 인터넷이 갖는 기능에 박수를 보낸다. 그럼에도 불구하고 지금 우리의 인터넷 문화는 한 번쯤 진지한 고민이 필요하다고 본다. 단순히 '소비'하는 데 그치는 인터넷이 아닌, 뭔가 생산적인 소통의 통로로서의 인터넷 문화. 모든 것을 문화적인 관점으로 접근하는 이곳 런던은 이처럼 많은 것을 생각하게 한다.

생각거리를 안겨주는 도시. 런던은 바로 그런 도시다.

한국이 남성적이라면 영국은 여성적이다.

강하고 빠른 것을 좋아하고, 느리게 살아가는 데 서툰 우리와 달리 영국은 낡은 것을 사랑한다. 영국의 TV 프로그램도 그렇다. 인도로 여행을 떠난 한 남자의 포복절도하게 만드는 코믹 다큐멘터리, 꿈과 희망과 상상력이 불끈불끈 샘솟는 어린이 프로그램, 서울에 돌아가자마자 당장 따라 하고 싶은 실용적인 집 꾸미기, 진지함의 무게를 도저히 잴 수 없을 것 같은 퀴즈 프로그램이 정신없으면서도 유익하다. 다양하고, 섬세하다. 여성적이다. 영국 특유의 유머 감각과 색채 감각, 그리고 높은 문화적 지수를 알 수 있다. 이곳 사람들의 무뚝뚝한 모습과 딱딱한 억양의 영어, 그리고 프리미어 리그를 누비는 강인한 축구 전사들의 모습에서 '남성적'으로 알았던 영국의 숨겨진 면을 본 것만 같다.

마지막 날. 오늘은 함스테드 히스라고 하는, 런던에서 가장 부유한 마을에 가기로 했다. 잠깐, 런던의 부자 동네를 우리 식으로 연상하면 안 된다. 하늘을 찌를 듯, 그리고 외부인의 출입을 엄금하는 주상복합 아파트가 몰려 있고, '억' 소리가 나는 가격을 자랑하는 세련된 쇼핑가를 떠올려서는 안 된다. 굳이 런던의 최고 부촌을 표현하자면 '명품 매장이 있는 시골 마을'이라고 하면 될 것 같다. 실제로 런던 사람들은 가족적이고, 자연이 있고, 조용하고, 고급 상점이 있는 곳을 최고로 친다. 항상 깨끗한 산소를 마실 수 있는 곳, 동시에 시내로 편리하게 진입할 수 있는 곳에 사는 것을 최고로 여긴다.

내가 런던을 사랑하는 이유가 이것이다. 그들에게 가장 소중한 건 바로 자연, 고요함, 그리고 그런 소박한 것들이기 때문이다. 흔히 '부촌'이라고 하면 화려한 외관, 풍족한 음식, 그리고 사는 데 아무 부러울 것 없는 사람들이 떠오른다. 그리고 그런 사람들은 대체로 여유가 없다. 하지만 런던의 부촌은 다르다. 그들에게 가장 소중한 것은 자연이고 고요함이고 일상의 소박함이다. 내가 런던을 통해 배우는 것은 이런 것이다. 부촌이지만 부유하지 않고, 또 부촌이지만 치열하지 않은 삶. 다시 말해 그들은 '마음이 부자'인 사람인 것이다. 겉으론 전혀 부자 같지 않아도 그들이 누리는 하루, 그들이 맞이하는 자연을 보면 그들은 아주 부유한 사람들이다. 이런 런던이 좋다. 돈보다 자연을 원하는 사람들, 경쟁보다 공유를 사랑하는 사람들, 그리고 나 이상은이 이렇게 편히 누울 수 있는 쉼터를 만들어주는 사람들…. 그들이 런던에 있다. 문득 그동안 무엇을 느끼며 무엇을 중시했는지 생각해보게 된다. 부촌 같이 세련된 음악이지만 그 안에 아주 소박한 무언가를 담는, 그런 런던 부촌 같은 음악을 하고 싶다. 그런 이상은이 되고 싶다.

우리가 오늘 이곳을 찾게 된 이유는 사진작가와 인테리어 디자이너를 만나기 위해서다. 서울에서 친구가 미리 연락해둔 사람들과의 만남 때문이다. 그게 아니라면 우리가 굳이 런던의 최고 부촌을 찾을 일은 없었을 것이다. 출발하기 전 전화를 걸어 캄덴 타운에서 만나기로 했다.

함스테드 히스와 달리 캄덴 타운은 꼭 한 번 가고 싶었던 곳이다. 비록 시간이 없어 급히 둘러보았지만, 런던에서 가장 하위문화를 보여준다는 이 동네가 꽤나 끌렸다. 과거 이곳은 펑크의 진수를 선보였던 곳이었다. 기성세대에 반항하는 10대들의 외침과, 록 음악을 사랑하는 팬들이 몰려드는 클럽으로 유명한 곳이었다. 그리고 지금 이 동네를 어슬렁어슬렁 걸어다니다 보니 통 넓은 청바지에 사슬체인을 낀 채 돌아다니던 옛 모습이 생각나 웃음이 나왔다. 지금은 스피탈필즈 마켓과 화이트 큐브 갤러리가 모여 있는 혹스톤 & 쇼디치 구역이 잘 나간다지만 아직 캄덴의 명성은 죽지 않았다. 펑크족을 위한 싸구려 형광색의 옷들은 여전히 반짝거리고 있었다. 게다가 이곳은 물가도 저렴했다. 어번 아웃 피터스에서 40파운드나 하던 소닉 유스의 티셔츠가 이곳에서는 16파운드다. 어찌 사지 않을 수 있겠는가?

사진작가와 인테리어 디자이너는 나에게 '언니들'이었다. 나이가 있어서인지, 우리를 위해 자동차를 준비해둔 채 기다리고 있었다. 빨간색 이층버스가 아닌, 낡고 느린 언더그라운드가 아닌 런던에서 처음 타보는 자동차였다. 이층버스에서 내려다보는 것과 또 다른 차창 밖 런던의 풍경이 오늘 따라 더욱 새롭다.

우리가 런던에서의 마지막 날이라는 걸 알아서였던 걸까. 인테리어 디자인을 한다는 언니는 함스테드 히스는 런던 사람들이 꼭 한 번 살고 싶은 꿈의 동네라느니, 하지만 런던을 벗어나면 운치 있고 좋은 곳이 더 많다느니, 여기서 재미있게 살고 있지만 한국에 계신 어머니가 얼른 들어오라며 성화시라느니, 스코틀랜드에서 공부하고 지금은 옥스퍼드 서커스에서 나이키를 디자인하는 큰 회사에 다닌다느니 여러 가지 이야기를 들려주었다. 무슨 말을 해도 재미있는 그런 언니에 우리 셋은 모두 귀를 쫑긋 세울 수밖에 없었다. 반면 조수석에 앉은 세인트 마틴에서 사진을 전공했다는 사진작가 언니는 시종일관 조용하다. 사색적이고, 애수 어린 깊이가 느껴지는 그런 언니였다.

혹시 런던 여행을 준비하는 사람이라면 마지막 일정을 캄덴과 함스테드 히스를 동시에 가는 게 좋을 것 같다. 두 지역이 갖는 묘한 콘트라스트가 너무도 매력적이기 때문이다. 실제로 함스테드 히스와 캄덴은 그 어느 곳이 우월하거나, 뒤처지지 않았다. 런던이 멋진 이유 중 하나는 바로 여기에 있다. 런던은 위 아래의 차이보다는, 서로 '다름' 의 가치를 인정할 줄 아는 도시다. 클래식 음악과 록이 갖는 '다름' 을 이들은 '문화'라는 이름으로 수용하고 있었다. 그렇다. 클래식 음악이나 록 음악이나 결국 음악이다. 예술이다. 다만 다를 뿐이다.

별것 아닌 것 같지만 이것이 런던이 문화를 유지하는 비결이다. 다르지만 다르지 않게 보는 것, 즉 차이를 인정하는 것 말이다. 말처럼 쉽지 않고 생각처럼 당연하지도 않다. 그런데 다름을 차이로 인정하는 순간, 정말 무한한 것을 얻게 된다. 나에게도 그런 친구가 있다. 나와 오랜 시간 함께 해왔지만 전혀 다른 분위기를 가진 친구. 함께한 시간이 많은데 어찌 그리 반대 성향일 수 있는지 궁금할 때가 있다. 그런 그녀가 언젠가 내게 여행을 제안했다. 가까운 국내 여행이라 거절할 생각은 없었지만 한참 고민했다. 왜냐하면 나와 너무 다른 그녀가 친구라는 이름으로 2박 3일간 함께 여행을 할 수 있을까. 모름지기 여행 친구는 취향이 비슷한 사람, 나와 같은 것을 느낄 수 있는 사람이어야 한다고 들었다. 결국 우린 함께 떠났고, 그 길에서 나는 누구에게도 배우지 못할 것들을 배웠다. 나와 같은 것을 좋아하고 같은 느낌을 가진 사람에게서는 절대 얻을 수 없는 무언가를 얻은 것이다. 이것을 거부하던 친구는 나에게 이것을 제안했고, 난 그렇게 스며들 수 있었다. 내가 절대 도전하지 않으려 했던 여행지, 그런 여행지를 좋아하는 그녀는 내게 그곳을 가게 했고 그렇게 난 그곳을 좋아하게 되었다. 평소 내 친구들이라면 그곳을 모두가 싫어했을 것이다. 하지만 나와 전혀 다른 취향인 그녀이기에 난 새로운 곳을 알 수 있었고, 정반대의 나를 만날 수 있었다. 다름을 인정하는 것이야말로 또 다른 나를 발견하는 지름길이 아닐까. 내가 몰랐던 나를 누군가를 통해 안다면 그것보다 값진 경험은 없을 것이다. 다름을 차이로 인정하는 지혜, 런던은 이미 그것을 알고 있었다.

그런 점에서 서울의 친구가 소개해준 두 언니들은 함스테드 히스와 캄덴의 '차이'를 상징하는 것 같았다. 한 사람은 외향적이고, 또 한 사람은 내향적인 것. 두 사람이 낯선 타지에서 서로를 의지하며 성공적인 삶을 영위할 수 있었던 것도 각자의 다름을 인정했기 때문이 아닐까 라는 생각을 해본다. 그러고 보니 런던 여행을 함께 한 나와 기정, 영인도 모두 '다르다'. 서로 다름에도 불구하고 런던 여행을 준비하면서부터 마지막 날인 지금까지 우리는 단 한 차례도 서로를 원망하지 않았다. 충돌하지 않았다. 작은 서운함조차 없었다.

런던의 첫 날, 8년 전 살았다는 경험이 무색할 만큼 '내비게이션' 역할을 하지 못했던 이 언니를 넓은 마음으로 보듬어준 두 동생에게 무한 감사를 전한다.

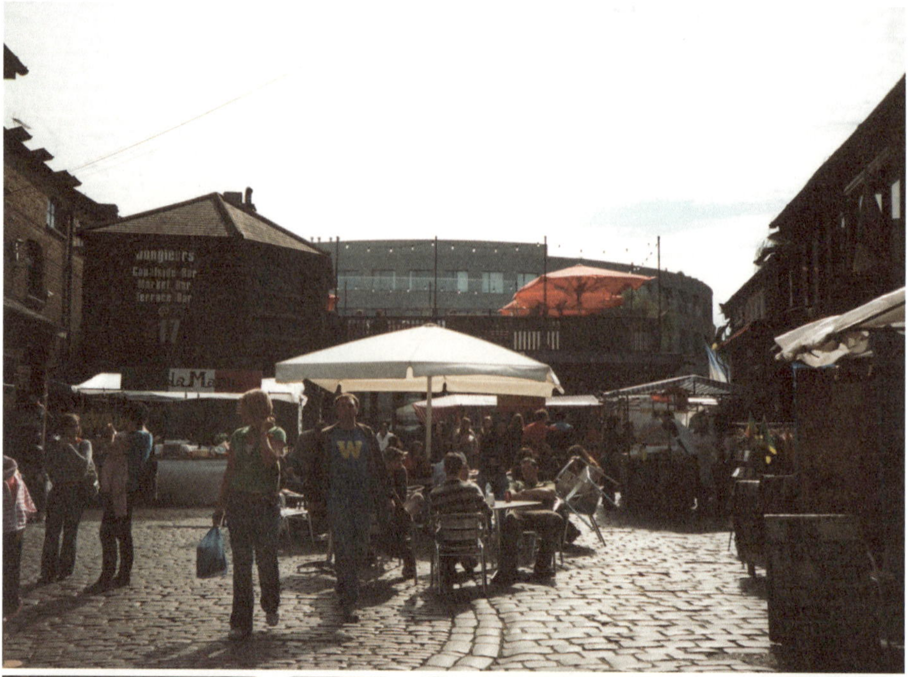

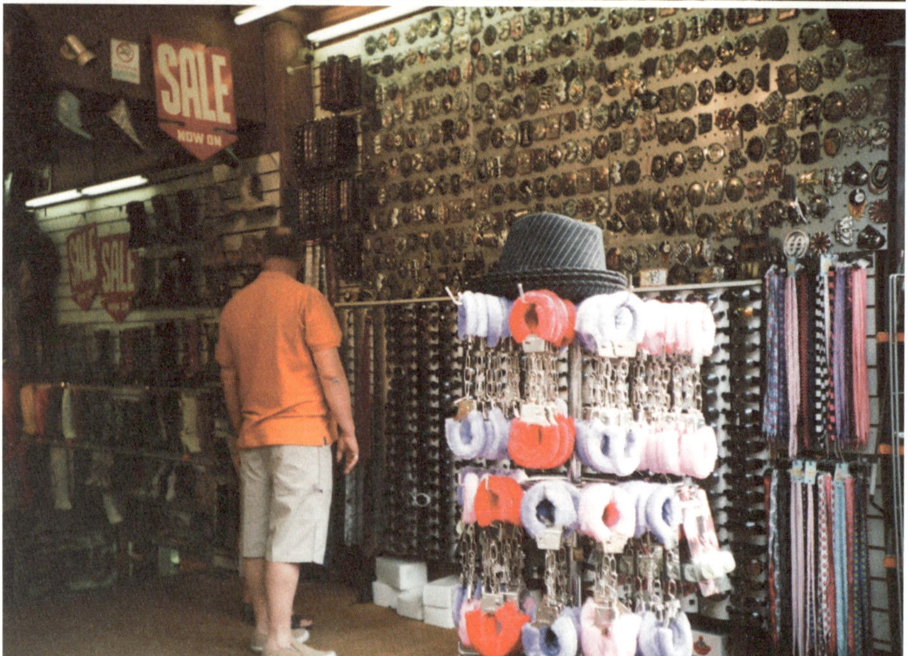
SALE
NOW ON

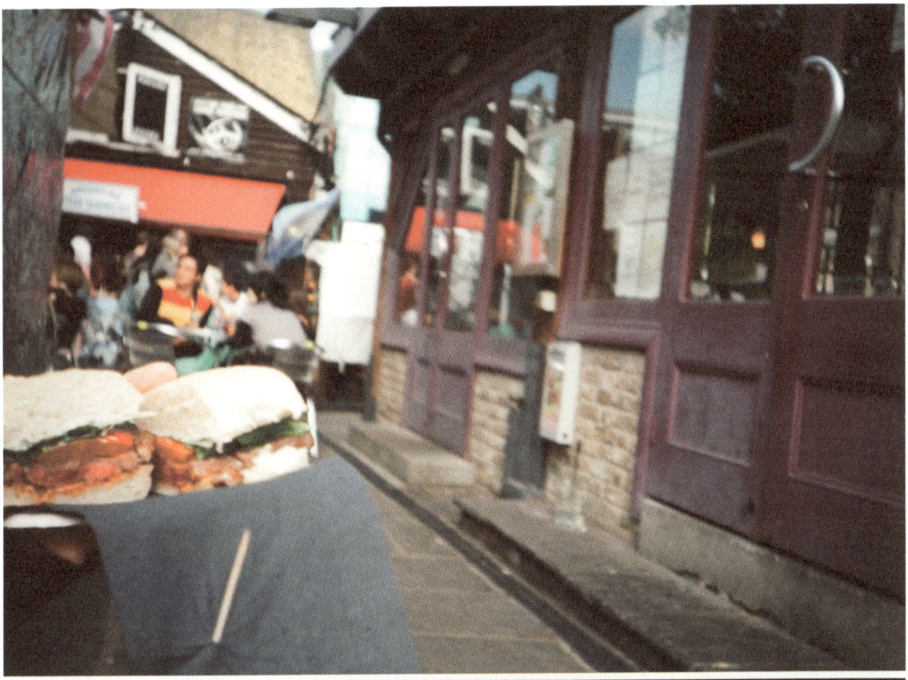

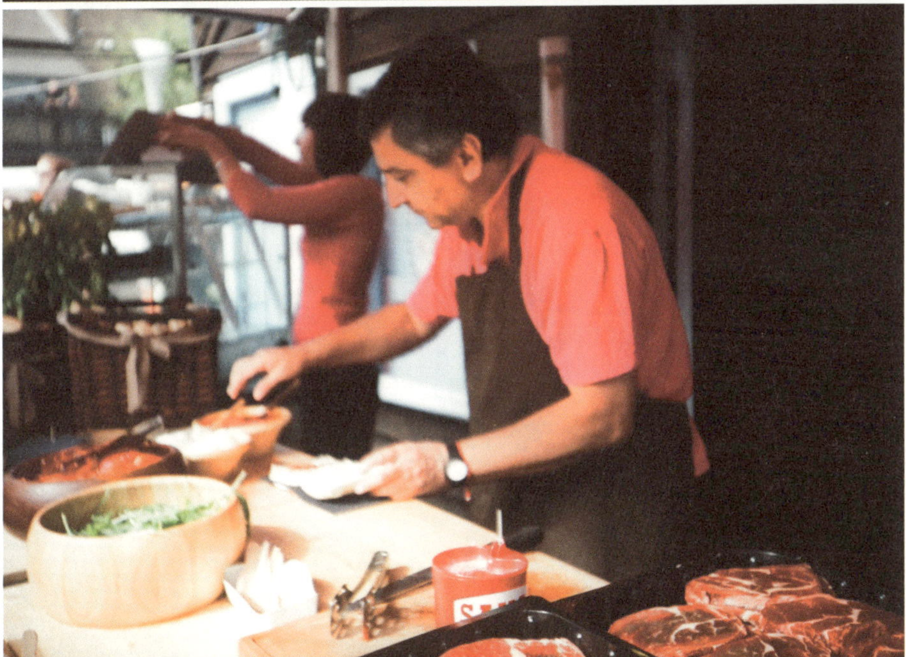

나무, 행운, 그리고 행복

지금 내 눈앞의 런던에는 이름을 알 수 없는 나무 여러 그루가 서 있다.

고개를 올리면 하늘을 배경으로 그 나무들이 바람에 따라 날갯짓을 하는 게 보인다. 나무는 바라만보아도 좋다. 어느 시인의 말처럼 보기만 해도 가슴이 푸르게 두근거린다. 나무는 생명의 원천이다. 대지에 뿌리 내려 하늘로 솟구치는 나무가 갖는 생명의 에너지를 우리는 따를 수 없다. 그런데 나무는 태초부터 지금까지 자신의 에너지를 과시하지 않는다. 사시사철 세상이 요동쳐도 나무는 그 자리에서 꿈쩍도 하지 않은 채 묵묵히 세상을 관조한다. 뿌리를 내리고 사는 생명의 여유이리라. 아니, 제아무리 발버둥 쳐도 움직일 수 없는 운명이라면 그것을 겸허히 받아들이는 현자의 여유 같은 건지도 모른다. 그건 나의 일상을 받아주는 서울 홍대 앞 거리의 가로수에서도, 8년 전 자신을 떠나, 그리하여 한시적으로 자신을 사랑해주는 여행자를 여전히 뜨겁게 안아주는 런던의 가로수에서도 동일하게 느낄 수 있다.

서울 나무와 런던 나무. 두 나무 사이의 색깔과 형태는 조금씩 다르지만, 하늘과 땅을 벗 삼아 실존하는 나무는 지구가 낳은 가장 위대한 생명이다. 비록 이동할 수 없는, 말할 수 없는 굴레를 안고 살아가지만 인간에게 신선한 공기를 복용시켜주는 나무가 있기에 런던 순례의 짧은 휴식은 눈부실 수 있는 것이다.

'행운'이라는 네잎 클로버의 꽃말이 나폴레옹에게서 유래했다는 사실은 만인이 알고 있다. 나폴레옹이 네잎 클로버를 발견하고 신기한 생각에 그 잎을 만지려고 고개를 숙였는데 그 순간 머리 위로 총알이 지나가서 목숨을 건졌던 것이다. 전 세계 어디를 가든지 풀밭에 가면 네잎 클로버를 찾기 위해 눈에 불을 켜고 다니는 사람들을 볼 수 있다. 이들에게, 아니 우리에게 세잎 클로버는 아무런 가치가 없는 풀에 불과하다. 그런데 혹시 아는가. 세잎 클로버의 꽃말이 '행복'이라는 사실을. 즉, 우리는 행운을 얻기 위해 그토록 소중히 여기는 행복을 밟고 다닌다는 것이다.

세잎 클로버와 네잎 클로버 얘기는 어리석은 인간사를 압축해서 보여준다. 우리는 풀밭에 지천으로 깔려 있는 세잎 클로버처럼 주변에 널려 있는 행복을 눈여겨보지 않는다. 조금만 눈길을 돌려도 만날 수 있는 행복 대신 좀처럼 만나기 힘든 행운을 얻기 위해 애를 쓴다. 다행히 지금도 늦지 않았다.

행복은 이처럼 가까이에 있다. 바로 당신 곁에 있다.

나이트 스카이 라인, 네온 빛 물고기

미끄러질 듯 유영하는

빛의 축제가 열리는 밤의 도시

LED의 기하학적 무늬들

느껴봐

무엇인가 밤공기 속에 있어

부드럽고 따스한 기운

공중 부유의 행복감

Something in the air

하늘하늘 흐르는 맑은 에너지

Tonight in the night

진동하는 끝없는 별의 하늘

Something in the air

너 자신이 되어야만 해

Just do it, without any goal

다른 사람들이 원하는 네가 아닌…

_ 이상은 'Something in the air'

8년, 누구에겐 길고 누구에겐 짧은 시간. 다시 런던으로 돌아오기까지 걸린 시간이 어느새 8년…. 나에겐 지난 8년의 시간이 어떤 의미였는지 생각해본다. 헤어진 사랑과 다시 재회하듯, 잊었던 꿈을 다시 꾸듯 오랜 기억 속을 더듬는다는 것이 썩 즐겁지만은 않다. 누구에게나 그렇듯 더 나아져 있는 나를 기대할 것이고, 또 그때로 다시 돌아간다는 것이 과거를 돌아보게 하니까. 돌아가려는 그 순간이 좋았던 순간이든, 슬펐던 순간이든 그런 건 중요하지 않다. 다만, 변했을 그곳에 대한 상상과 기대, 그리고 그보다 더 변한 나를 기대하기에 '부담'이라는 단어가 끊임없이 맴돌 뿐이다.

긴 고민 끝에 런던을 찾았지만 생각해보면 긴 고민이라는 것도 하나의 단어로 정의할 수 있다. 바로 '그리움'이다. 8년 전 그토록 동경해 찾았던 그곳에서 더 큰 외로움과 시련을 느낀 내가 다시 이곳으로 여행을 온 건 더 강해진 나, 외로움에 맞설 힘이 생긴 이상은을 보고 싶어서였다. 어쩌면 그때의 내가 그리웠는지도 모른다. 나약하고 어렸지만 아무것도 몰랐기에 더 아름다웠던 시절. 참 역설적이다. 그때의 내가 그리운 건지, 지금의 내가 그리운 건지….

어쨌든 분명한 건 내가 다시 런던을 찾았다는 것이다. 다시 찾고 싶은 여행지가 있다는 것만으로도 난 행복하다. 돌이켜보면 몇 년이 지나도 잊지 못하는 사람은 내게 즐거움을 줬던 사람보다는 말 못할 아픔과 성숙할 시간을 줬던 사람인 것 같다. 그 사람을 다시 만나 더 강해진 나를 보여주고 싶고, 또 그러기 위해 더 나은 나를 찾고 싶기 때문일 것이다. 그처럼 다시 찾고 싶은 곳이 있다는 건 참 즐거운 일이다. 지칠 때 그곳이 생각나면서 어딘가 모르게 내게 위안이 되어주니까. 런던을 다시 찾은 이번에도 그랬다. 어쩌면 더 강한 나를 보고 싶어서이기도 하지만 지금 내가 지쳐 있었는지도 모르겠다. 그래서 어딘가로 떠나 잠시 모든 걸 잊고 내려놓고 싶었는지도 모르겠다. 그럴 때 그토록 외로웠던 8년 전이 생각났던 건 역설적이게도 그보다는 덜 외로운 지금이 행복해서일지도 모를 일이다.

다시 찾은 런던에서 내가 무엇을 느꼈고 보았는지 말로 표현할 방법이 없다. 이렇게 뭔가를 써내려가고 있지만 말로 표현할 수 없는 그 무언가가 가슴 속에 있다. 8년 전 런던, 그리고 8년 후 런던은 크게 변한 것이 없다. 물론 전보다 발전했겠지만, 난 그저 런던의 분위기, 런던의 사람들, 그리고 그곳의 풍경만을 마음으로 느낄 뿐이다. 하지만 같은 곳에 가서 비슷한 사람을 만나고, 익숙한 풍경과 재회해도 무언가 달라져 있음을 느끼기도 했다. 그것은 그 안에 있는 내가 변했기 때문이었다. 런던의 분위기는 같았지만 조금 다르게 즐길 줄 아는 이상은이 있었고, 사람들은 모두 같았지만 그 사람들과의 추억거리를 하나라도 더 만들 줄 아는 내가 있었다. 그렇게 나는 조금 더 자라 있었다.

그것만으로 참 행복한 여행이었다. 모든 것이 정지해 있지만 나만 성장한 느낌이라고 하면 조금 과하겠지만, 난 적어도 그렇게 표현하고 싶다. 8년 동안 변한다고 해서 런던이 얼마나 바뀌었겠는가. 하지만 인간에게 8년이란 무한한 변화와 발전이 있을 수 있는 시간이기에 난 감히 그렇게 말하고 싶다. 모든 것이 정지되어 있는 런던에서 나 이상은이 좀 더 성장해 있었기에 특별한 여행이었다고. 또 다시 찾을 그곳이 기대된다.

함스테드 히스의 초입.

오르막이 심한 언덕에 키 낮은 예쁜 건물들이 옹기종기 모여 있고, 명품 매장이 즐비하다는 걸 빼면 나무가 많은 호젓한 시골 마을 같다. 차를 세워두고 산책을 나섰다. 여행의 시작 부분에 앤티크 가게가 많았던 노팅 힐을 소개해준 런던은 그 마지막 부분에 고급스러운 갤러리와 명품 매장을 줄줄이 보여준다. 그런데 이상한 건 함스테드 히스의 명품 매장은 도도하지 않았다. 사람 냄새가 나는 것 같고, 자연의 기운이 강하게 감싸는 것 같다. 고상하다는 단어는 이럴 때 쓰는 것 같다. 케이트 모스가 산다는 동네, 런던에서 가장 높은 곳에 위치한 동네, 가장 큰 공원을 보유한 동네라는 수식어가 조금씩 피부에 와 닿는 순간이었다.

함스테드 히스는 산보하기에 딱 좋은 길을 갖고 있었다. 마치 등산을 하는 것처럼 올라가다 보니 어느새 등줄기에 땀이 밴다. 하지만 상쾌한 공기가 머리카락을 스치고 가는 상쾌함이 더 좋다. 드디어 정상. 건물들은 자취를 감추고, 언덕과 작은 산, 나무들이 우거진 산림이 눈앞에 펼쳐졌다. 넓은 연못은 마음의 평화를 되찾아준다.

함스테드 히스는 고대 때부터 있었다고 한다. 이곳에 살지 않더라도 자연을 느끼고 싶은 런던 사람들이 자주 찾는다고 한다. 우리로 치면 남산과 같은 곳이라고 할까. 도시의 번잡함을 벗어나 자연 속에 들어오니 세상에 부러울 것이 없는 듯하다. 잠시 숨을 고르고, 작은 팻말을 뒤로 보내며 내리막길을 따라 터벅터벅 걸어 내려간다. 위에서 초록 융단처럼 보였던 숲속의 나무들이 그 울창함을 과시하는 듯 줄줄이 나타난다. 얼마쯤 내려갔을까. '비밀의 화원' 같은 훌륭한 정원이 나타났다. 세상에… 어떻게 이런 숲속에 이런 게 숨어 있을까? 모두들 저절로 탄성을 내지른다.

인테리어 디자이너 언니에 따르면 이 커다란 정원은 어느 귀족 할머니의 저택이란다. 자신의 정원을 동네 아이들이 뛰어놀도록 개방한 동화 속 거인처럼 할머니는 이 거대한 저택과 정원에 홀로 사는 게 외로워 기꺼이 시민들에게 공개했단다. 그래서 지금은 런던 시민들이 이곳에 피크닉을 오곤 한단다. 마치 내 노래 '비밀의 화원'처럼 환상적이면서도 비밀스러운 아름다움을 간직한 이곳으로 인도해준 두 언니가 너무 고맙다. 참, 낯선 한국인 여행자들의 출입을 허락해준 이름 모를 할머니에게도 감사의 마음을 전한다.

나 또한 그런 음악을 하고 싶다. 자신의 쉼터를 사람들에게 쉽게 내준 할머니처럼 나도 내 음악을 빌려 누군가에게 쉼터를 내주고 싶다. 내 음악이지만 나의 음악은 아닌, 내 멜로디지만 나의 멜로디만은 아닌 음악을 하고 싶다. 누군가에게 그런 공간이 된다는 것은 얼마나 아름다울까. 지친 사람들이 내 음악을 통해 쉬어가고, 기쁜 사람들이 내 음악을 통해 더 행복해지길 바란다. 내가 해주는 것 없어도 내 음악이 그런 공간을 대신해주길 바란다. 내 것이지만 오롯이 내 것이 아닌 것…. 런던은 그런 곳이다.

런던의 심장. 런던은 마지막 날 어느 할머니가 시민들에게 내준 비밀의 화원이라는 자신의 심장을 꺼내어 보여주었다. 심장의 의미는 자연이었다. 자연을 알고, 자연을 사랑하는 영국인들의 마음. 그런데 그 마음은 우리와도 맞닿아 있다. 나무를 자르지 않기 위해, 자연과의 조화를 생각하며 집의 담벼락을 나무를 감싸게 만들었다는 담양의 소쇄원과 할머니의 거대한 정원은 닮아 있었다. 우리 조상들의 정신세계 속에 자리한 자연관과 영국인의 자연관은 결국 같은 곳을 지향하고 있었다. 자연과 하나 되어 살아가는 것. 동양과 서양이 본래 추구하던 정신적 가치는 결국 같았다는 사실을 깨닫게 해준 런던에서의 마지막 날이 너무도 소중하다.

고불고불한 함스테드 히스의 길은 우리의 시골 길을 떠오르게 한다. 탁 트인 드넓은 초록빛 초원에 아이들은 뛰놀고, 노인들은 느리게 걷고, 나무들은 하늘을 찌를 듯 솟아 있다. 지고지순할 정도로 순결하고 아름다운 자연의 풍경은 동양과 서양으로 나뉘어져 있지 않았다.

그렇다. 런던의 영혼은 곧 자연이었다. 이곳에 머무는 동안 정말 많은 것들을 보았지만 지금 우리 눈앞에 펼쳐진 자연보다 영국을, 그리고 런던을 제대로 묘사하는 것은 없는 것 같다. 그 순간 8년 전 런던을 헤매던 이상은이 눈앞에 나타났다. 곡을 만들기 위해 나무 그늘을 찾던, 몇 알의 사과와 물을 챙겨 하루 종일 나무 아래에서 뒹굴던 내 모습이 새록새록 떠쳐나왔다. 그리고 깨달았다. 8년 전 런던에서의 이상은도 행복했다는 것을. 내 얼굴에는 잔잔한 미소가 퍼져 나갔다. 천로역정의 성스러운 종착지에 도착한 순례자가 된 것 같았다. 자연과 하나가 되는 기분, 8년 전의 나와 8년 후의 내가 하나가 되는 기분. 그때나 지금이나 런던은 나를 맞아주었고, 안아주었고, 손을 잡고 놓아주지 않았다. 나만 모르고 있었다.

삶이란 그런 게 아닐까. 세상에서 가장 쓸쓸한 삶이라고 스스로 자책하는 그 순간조차 시간이 흐르면 돌아가고 싶은 아름다운 시간으로 남는 게 아닐까. 여행은 그런 게 아닐까. 과거의 나와 지금의 나를 이어주는 것. 과거의 내 모습이 결코 초라하지 않았음을 확인시켜주는 것. 그리하여 지금의 나에게 살아갈 새 힘을 주는 것. 결국… 삶과 여행은 하나일 테니까.

Epilogue

어느덧 제 이름 석 자가 새겨진 여행 에세이가 여럿 생겼습니다. 여행이라는, 그토록 뜨거운 순간을 견딜 수 없어 '기록' 했던 사소한 행위가 누군가의 선택을 받는다니, 흥분되면서도 그보다 더한 부담감이 저를 억누릅니다. 알다시피 저는 음악을 하는 사람입니다. 언제든 음악을 내려받을 수 있고, 이메일로 보낼 수 있는 시대를 거역할 수 없는 힘없는 뮤지션입니다. 아무리 열심히 투자해도 성과를 얻기 힘든 이 시대를 가리켜 사람들은 "음악인에게 사형선고가 내려진 시대"라고 혹독하게 말합니다. 그렇다고 음악을 포기할 수 없는 저에게 사람들은 제 이름이 박힌 여행 에세이가 한 권 한 권 쌓여가는 모습을 보고 '혹시 음악 대신…?' 이라는 눈길을 보내곤 합니다. EBS 라디오 '세계음악기행'에 이어 얼마 전부터 MBC 라디오 '골든 디스크'를 진행하는 저를 보고 "글을 쓰면서 라디오 디제이만 하면 어때?"라고 꼬드기는 사람도 있습니다. 대충대충은 죽어도 받아들이지 못하는 타고난 천성 때문에 기왕 하는 거 열심히 해보겠다고 나서는 바람에 이러지도 저러지도 못하는 상황이 생긴 것 같습니다.

열심히 한다고 했지만 제 여행 에세이는 부족한 점이 많습니다. 여행 에세이를 쓰다 보니 아무래도 다른 이들의 책을 슬쩍 엿보게 됩니다. 그러다 간혹 이상은에게 음악이 있다면, 그 사람에겐 여행이 있다고 해도 좋을 만큼 썩 괜찮은 여행 에세이를 만나게 됩니다. 그런 날에는 책장에 꽂혀 있는 제 여행 에세이를 펴들고 이런저런 생각을 해봅니다. 저를 믿고 책을 선택해준 독자들에게 미안한 마음을 감추지 못해 속상해합니다. 하지만 이내 마음을 고쳐먹고 다시 새로운 여행을 계획하고, 그 여행을 통해 제가 '느낀' 것들을 전해주고픈 생각에 밤잠을 설치게 됩니다.

느낌. 그렇습니다. 세상에 나와 있는 수많은 여행 에세이들 가운데 저의 여행 에세이는 이상은만의 '느낌'이 들어 있는 작은 공간입니다. 저에게 여행이란 음악과 같습니다. 어디론가 떠나고 싶어 안달이 날 때에도, 내 몸을 낯선 곳에 뉘일 때에도, 그리고 다시 일상으로 돌아와 그곳에서의 시간과 공간을 추억하는 모습은 마치 노래 한 곡을 만들고, 여러 곡들을 모아 하나의 앨범을 만드는 것과 전혀 다르지 않습니다. 그건 바로 여행과 음악 모두 저만의 '느낌'으로 준비하고, 실천하기 때문입니다.

이상은의 여행은 아름답고 오묘한 단어를 모아 여행지를 상찬하지 않습니다. 간질간질한 언어로 떠나지 못해 슬퍼하는 우리 시대 청춘의 감성을 콕 건드리지도 못합니다. 대신 이상은의 여행에는 꿈과 열정이 있습니다. 언젠가 아시아적인 감성으로 세계 무대에 서는 그날을 준비하고픈 마음과 우리의 척박한 문화적 영토에 자극과 도전을 줄 수 있는 여행지를 향한 예민한 촉수를 감추고 있습니다. 음악을 하는 동안 저는 비판과 비평을 두려워하지 않았습니다. 오히려 칭찬받고 싶어 음악을 해온 다른 이들과 거리를 두고 살았습니다. 이런 저에게 '콜드플레이'의 보컬 크리스 마틴이 오직 음악만으로, 음악이 가진 아름다운 세계를 구현할 수 있는 영국이라는 나라는 여느 곳과 확실히 달랐습니다.

런던은 1988년도 강변가요제 대상 '담다디'로 인기에 취해 있던 제가 '음악이란 무엇인가'라는 심원한 질문 앞에서 고꾸라졌을 때 저를 받아준 도시입니다. 그 시절, 아일랜드의 록 밴드 'U2'의 음악에 심취해 있던 저에게 '담다디'라는 현실은 견디기 힘들었습니다. 그런 저를 런던은 조심조심 보듬어주었습니다. 저라는 사람은 연예인이나 스타와 맞지 않고, 존중받고 싶다면, 반짝하고 사라지고 싶지 않다면 오로지 '작품'으로 승부해야 한다는 사실을 깨닫게 해주었습니다. 그럼에도 불구하고 사람들은 묻습니다. 대중적인 인기를 버린 것을 후회하지 않느냐고. 그때마다 저는 힘주어 말합니다. '네버Never'라고.

사람들은 제가 주류에 속하지 않아서 외로울 거라 생각합니다. 그러나 저는 지금의 제 모습이 참 좋습니다. 좋은 음악인과 관객을 얻어 얼마나 행복한지 모릅니다. 그들을 기쁘게 하는 음악을 만드는 제 모습이 자랑스럽습니다. 세상의 이치는 10원보다 100원을 낫다고 여깁니다. 하지만 제 생각은 다릅니다. 음반 10장이 팔리더라도 깨어 있는 사람들에게 팔린다면 비록 돈을 벌지 못하더라도 가치 있고 의미 있는 행동이라고 생각합니다. 지금 당장은 이해받지 못하더라도, 그리하여 조금은 외롭더라도 그 좁은 길을 묵묵히 걷다보면 언젠가 당당히 인정받을 날이 오리라고 믿습니다.

이상은이 만들어가는 음악과 여행은 '작은 마당'과 같습니다. 어린 시절 별을 헤아리곤 했던 할머니 집 마당과 같은 곳입니다. 저는 음악과 여행을 통해 "여기 '작은 마당'이 있어요. 오셔서 마음껏 놀다 가세요"라고 얘기하는 재미에 푹 빠져 하루하루를 살고 있습니다. 세상에는 밤하늘의 별처럼 무수히 많은 음악이 당신의 귓전을 간질입니다. 서점에는 엄청나게 많은 여행 에세이가 당신의 동공을 두드립니다. 이런 현실 속에서 저의 음악과 여행은 너무 한 가지만 편식하지 말라고 권하는 기분 좋은 약과 같은지도 모릅니다.

저, 이상은에게는 꿈이 있습니다. 음악이라는 것을 시작한 지 어느덧 20년. 앞으로 20년 후에도 지금처럼 음악을 해나가고 사람들 앞에 서고 싶은 꿈. 대중성과 음악성이 이상적인 균형을 이루어낸 '이상은만의' 음악을 만들고픈 꿈, 머리가 하얗게 샜든지, 주름이 자글자글하든지 관계없이 참 멋있는 뮤지션이 되고픈 꿈. 그리하여 다음 주에는 부에노스 아이레스에서 공연이 있고 그 다음 주에는 파리에서 공연을 하는 그런 멋진 '음악을 하는 할머니'가 되고픈 꿈. 그리고 이 땅의 청춘들에게 느낌이 살아 있는, 동시에 문화적 자양분을 섭취할 수 있는 '이상은만의' 여행을 나눠주고 싶은 꿈이 있습니다.

참으로 산만한 시대입니다. 우리 사회는 물론 음악 역시 초점이 사라진 지 오래입니다. 초점이 없는, 즉 모두가 동의하는 어떤 이야기가 없는 시대를 살고 있습니다. 그러나 우리가 우리만의 이야기를 만들지 못하고 방황하는 지금도 지구촌 곳곳에서는 자신들의 문화적 책임감을 깨닫고, 자신들만의 문화를 만들어가는 이들이 너무도 많습니다. 제가 여행을 병적으로 즐기는 이유는 여기에 있습니다. 다행히 지금 우리는 여행을 하거나, 어떤 걸 체험하면 먹고 살 수 있는 시대를 살고 있습니다. 얼마나 천운天運인지요. 그래서 전 공연장에서, 방송에서, 아니 언제 어디서든지 이 땅의 젊은이들을 만나는 자리에서 여행을 많이 다니시라고 권면합니다.

그렇다고 여행이 뉴욕이나 런던, 파리처럼 유명한 곳을 구경하고 오는 것만은 아닐 겁니다. 그보다는 여행지의 삶과 직접 부딪힐 기회들을 만들어가는 여행, 여행지의 문화를 만날 수 있는 여행, 그러니까 부유한 여행보다는 '가난한' 여행이 자신도 몰랐던 자아를 발견할 수 있는 첩경이라고 생각합니다. 여행은 자신을 키울 수 있는 가장 빠른 방법입니다.

자, 그럼 우리 여행을 떠나 보아요.
떠날 핑계를 만들어 보아요.

2011년, 새로운 시간 앞에서
이상은

이상은, London Voice
삶은 여행… 두 번째 이야기

초판 1쇄 인쇄	2011년 1월 17일
초판 1쇄 발행	2011년 1월 24일
글	이상은
사진	신정아
펴낸이	강병선
편집인	윤동희
편집장	장재순
디자인	이경란
마케팅	방미연 우영희 정유선 나해진
온라인 마케팅	이상혁 한민아 정진아
제 작	안정숙 서동관 김애진 정구현
제작처	영신사
펴낸곳	(주)문학동네
출판등록	1993년 10월 22일 제406-2003-00045호
임프린트	북노마드
주 소	413-756 경기도 파주시 교하읍 문발리 파주출판도시 513-8
전자우편	booknomad@naver.com 트위터 @booknomadbooks
문 의	031.955.2660(마케팅) 031.955.2675(편집) 031.955.8855(팩스)
북노마드 카페	http://cafe.naver.com/booknomad
ISBN	978-89-546-1388-0 03980

* 북노마드는 출판그룹 문학동네의 임프린트입니다. 이 책의 판권은 지은이와 북노마드에 있습니다. 이 책 내용의 전부 또는 일부를 재사용하려면 반드시 양측의 서면 동의를 받아야 합니다.

* 이 책의 국립중앙도서관 출판시도서목록(CIP)은 e-CIP 홈페이지(www.nl.go.kr/cip.php)에서 이용하실 수 있습니다.(CIP 제어번호: CIP 2011000152)

www.munhak.com